走进博物馆丛书

河润华章
人物风流
渭南市博物馆

陕西省文物局 编

西安地图出版社

图书在版编目（CIP）数据

河润华章　人物风流：渭南市博物馆/陕西省文物局编．－－西安：西安地图出版社，2020.5
　ISBN 978-7-5556-0638-3

Ⅰ.①河… Ⅱ.①陕… Ⅲ.①博物馆－介绍－渭南
Ⅳ.① G269.274.13

中国版本图书馆 CIP 数据核字 (2020) 第 086150 号

著作人及著作方式：陕西省文物局　编
责任编辑：呼雪梅　陈菊菊
书籍设计：贺建林　袁樱子　薛　黎

| 书　　名 | **河润华章　人物风流——渭南市博物馆**<br>HERUN HUAZHANG RENWU FENGLIU——WEINANSHI BOWUGUAN |
|---|---|
| 出版发行 | 西安地图出版社 |
| 地址邮编 | 西安市友谊东路 334 号　710054 |
| 印　　刷 | 浙江经纬印业股份有限公司 |
| 开　　本 | 787 mm × 1092 mm　1/16 |
| 印　　张 | 14.75 |
| 字　　数 | 174 千字 |
| 版　　次 | 2020 年 5 月第 1 版　2020 年 5 月第 1 次印刷 |
| 书　　号 | ISBN 978-7-5556-0638-3 |
| 定　　价 | 89.00 元 |

版权所有　侵权必究

"走进博物馆丛书"编辑出版委员会

主　任：罗文利
副主任：周魁英　钱继奎　贾　强　马宝收
　　　　齐高泉　毛腊梅
委　员：（按姓氏笔画排列）
　　　　马宝收　王金清　王润录　毛腊梅
　　　　卢　辉　齐高泉　李　岗　李　娟
　　　　李举纲　余红健　张　进　张　彤
　　　　张礼智　张建武　张建儒　陈　亮
　　　　罗文利　周魁英　侯宁彬　施昌成
　　　　姜　捷　贾　强　钱继奎　隋晓会
　　　　韩小武　蔡理华　裴建平　谭前学
　　　　谭家礼　薛少鹏　薛锐生

总策划：赵　荣　庞德谦

主　编：罗文利
副主编：贾　强　谭前学　蔡理华　韩小武
本册撰文：温二强　宗　岚　王一伟

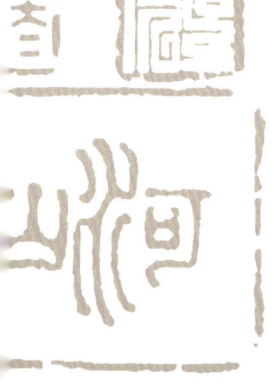

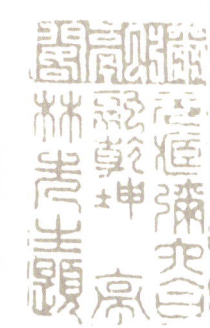

# 总序

陕西省文物局局长 罗文利

作为西学东渐的产物,博物馆在中国已经有150余年的历史。在今天,很少有人不知道博物馆,但当问到什么是博物馆时,恐怕绝大多数人未必答得上来或说得清楚。在汉代许慎编著的中国最早的字典《说文解字》中,"博"字被解释成"大、通也",可引申为"众多""丰富"等含义;"物"字则解释为"万物",包含人为物和自然物两种含义。"馆"字在中国古代另一本字典《玉篇》中解释为"客舍",后来逐渐引申为"公共建筑物"。所以唐宋以来,称专管或保存文物或讲论学问的公共建筑物为"馆",如"昭文馆""弘文馆""史馆"等。"博物"两字连称,最早见于《左传·昭公元年》:"晋侯闻子产之言,曰博物君子也。"晋代张华收集古今奇异之物、奇境殊俗,编成了著名的《博物志》一书。据此,"博物"有博览万物、保存万物、精通万物之意,"博物馆"的意思就是保存、展出、研究万物的公共机构。而在西方,有关博物馆历史的著作,都一致认为博物馆(Museum)一词来自希腊文Mouseion,原意为"祭祀缪斯的地方",从而将博物馆的起源,追溯到希腊神话中的缪斯(Muses)女神。据说缪斯是掌管历史、天文、史诗、情诗、抒情诗、悲剧、喜剧、圣歌和舞蹈等九个女神的总称,代表着当时希腊人文活动的全部。这一颇具学术意义的追本溯源,既给今天人们所熟知的博物馆蒙上了一层神奇的光环,更给博物馆增添了浓厚的文化学术色彩。

当然,以上所说,只是博物馆的字面意义。由于博物馆是在适应社会发展的历程中逐渐形成的具有多种功能的文化复合体,且其功能随着社会的发展仍在不断地发展变化,因此,博物馆的定义也在不断修改之中。自1946年以来,国际博物馆的权威组织国际博物馆协会曾对博物馆的定义进行了8次修订。目前比较公认的定义是2007年修订的,即博物馆是一个为社会及社会发展服务、向公众开放的文化机构,它为教育、研究、欣赏的目的征集、保护、研究、传播并展出人类和人类环境的物质及非物质遗产。实际上,国际博物馆协会对博物馆的这一定义只是国际间的一般性定义,不少国家还按照自己的国情给博物馆下了定义。

博物馆作为一个为社会及其发展服务的、向公众开放的文化机构,它究竟有着什么样的作用和地位,公众也有其独特的视角和认识,应该予以足够的倾听和回应。对此,美国盲聋女作家和残障教育家海伦·凯勒(Helen Keller,1880.6.27—1968.6.1)的看法也许能够代表公众对博物馆的认识。海伦在她那篇脍炙人口的散文《假如给我三天光明》中说道,如果"有三天视力的话",她将会用一整天的时间"参观博物馆""对整个世界,从古到今,作匆匆的一瞥。……看看人类所走过的艰难曲折的道路,看看历代的兴衰和沧桑之变"。作为一个盲人,在想象能看东西的短短三天里,海伦将花一整天时间参观博物馆的强烈愿望,真切反映了博物馆在海伦以及50多年前的美国公众心目中的地位,而她对博物馆的理解,则是对博物馆意义的最好解释。是的,今天,无论人们承认与否,博物馆已经成为人类昨天的脚印、今天的镜子和明天的根基,是人们认识自己及其生存环境最好、最直观的百科全书,是一个国家、一个民族历史文化和现代文明的形象代表。

值得高兴的是,随着经济社会和博物馆事业的快速发展以及个人文化素养的提升,在当今的中国,像海伦那样自觉走进博物馆的人越来越多,以至走进博物馆似乎正在成为一种生活方式和时尚。但是,也毋庸讳言,置身博物馆展厅、面对琳琅满目的展品,又有多少人真正看懂了展品、理解了展览?这有观众自身的原因,但更多的当是博物馆的原因,那就是太多的展览太过专业太过学术,让人无法看懂,且服务观众的方式也不够丰富多样。事实就是这样,虽然走进博物馆的人越来越多,但大多是"匆匆的一瞥""到此一游",没有充分理解、利用博物馆这个可令人"大有所获"的地方。因此,要让走进博物馆真正成为一种生活方式,要让博物馆发挥更大的作用,博物馆及有关机构还有许多的事情要做。

陕西是中华文明最重要的发祥地之一,是中国历史上 14 个朝代,特别是统一强盛的周、秦、汉、唐王朝的政治、经济、文化中心,同时也是现代中国革命的摇篮和圣地。陕西境内现有的 300 余家博物馆则是全面反映、再现陕西悠久历史和灿烂文化的主要载体。与其他省、市相比,陕西博物馆的文物藏品不仅数量多、种类全、品位高,在工艺技术、艺术创造等方面代表了全国的最高水平,而且还因其无与伦比的典型性、序列性、完整性,充分体现了中国历史的源远流长和中国古代文明的博大精深,并由此而成为海内外观众来陕西旅游的首选。

为深入贯彻落实习近平总书记关于文化遗产保护工作的重要指示和中共中央、国务院办公厅《关于实施中华优秀传统文化传承发展工程的意见》,进一步加强陕西"彰显华夏文明历史文化基地"建设,充分发挥博物馆在传播、传承、弘扬陕西历史文化和中华优秀传统文化，培育和践行社会主义核心价值观的过程中的独特作用，满足人民群众日益增长的精神文化需求，坚定人民群众的文化认同和价值认同，陕西省文物局决定选取陕西历史博物馆、秦始皇帝陵博物院、汉景帝阳陵博物院、西安博物院、西安半坡博物馆、西安碑林博物馆、宝鸡青铜器博物院、法门寺博物馆、渭南市博物馆、延安革命纪念馆、安康博物馆、汉中市博物馆共12家收藏丰富、主题鲜明、影响重大的博物馆，与西安地图出版社合作编辑出版第一辑"走进博物馆丛书"。

与以往出版的类似图书偏重于介绍馆况、陈列展览、单件文物以及器物之美不同，本套丛书重在深入挖掘文物藏品的内涵价值，以物说史，以物证史，以物串史，通过文物呈现历史文化，通过文物讲好陕西历史文化故事；具体编写时则根据各馆的性质定位，一馆一册，一馆一个主题。通过藏品和展览反映朝代文化或专题文化，让读者通过阅读本套丛书，既能了解各馆的特点、重要朝代（时代）的文明成就和历史地位、地域文化特色，又能感受到陕西历史文化发展的总体脉络和文明成就。可以说，如果您想如海伦·凯勒那样"看看人类所走过的艰难曲折的道路，看看历代的兴衰和沧桑之变"，这套丛书毫无疑问应当是您的首选。当然，我们更衷心希望本套丛书的出版发行，能让更多的人真正了解文物背后蕴含的思想理念、人文精神和经验智慧，为人们认识和改造世界提供文化积淀、智慧启迪、精神动力，让我们共同再创中华文化新辉煌，实现中华民族伟大复兴的中国梦。

## 馆长致辞

渭南市博物馆馆长 隋晓会

回望时空,我们来自哪里?这方灵山秀水与往圣先贤们彼此赋予和熔铸了什么样的文化基因与品格?

"家在黄河太华之间",这里三河交汇,岳渎相望,孕育了灿烂辉煌的黄河文化!"华山风骨,渭水襟怀",这里的人民如渭水般开放包容、务实担当;这里的英雄如太华般刚烈坚毅、敢为人先!

渭南,华夏文明重要的发祥地之一。距今约20万年前的"大荔人"在此繁衍生息;这里有老官台、北刘、元君庙—泉护村等新石器时代文化遗存,以"华山玫瑰"为代表的庙底沟类型的花瓣纹彩陶,被视为中国史前文化第一次大规模整合运动的标志;这里大禹"导河积石,至于龙门",治理黄河,划定九州;这里方国列布,梁带村、刘家洼芮国大墓考古发掘,揭开了一段尘封的历史;这里字圣仓颉、酒圣杜康、史圣司马迁,三圣相耀,光照千秋;这里弘农杨氏"四世三公"传天下,清白之风,滋润华夏;这里是十三朝都城长安的京畿重地,历来是兵家必争之地;这里是民族融合的熔炉,北来南往,胡汉杂糅,新的血液充斥着力量与气度,以宇文泰为代表的关陇集团在此发展壮大,为华夏文明注入新的活力;这里明君贤相安邦治国平天下:北周武帝宇文邕、隋文帝杨坚等六位帝王，王翦、郭子仪、张仁愿、寇准、王杰、王鼎、阎敬铭等80多位名臣良将，作为民族的栋梁，永远彪炳史册。

站在新时代的起点上，追寻过往，认清当下，我们发现，"创新与担当"是渭南文化品格中最亮丽的底色。

今日，博物馆已发展成为连通古今、服务公众的重要文化平台。渭南市博物馆基本陈列《与华相宜——渭南故事》、专题展《百年沧桑——渭南记忆》《奋斗之路——不忘初心、牢记使命》主题教育展和即将开放的《清风弥万世、廉韵润秦东——渭南廉政文化主题展》，不仅通过时间的维度来呈现渭南的文化遗产和先贤的精神谱系，也注重革命文化的呈现、传承和弘扬。同时，渭南市博物馆注重社会教育和宣传，精心打造"我们的节日"系列社教品牌，推出一系列精品研学课程，为传承优秀传统文化、增强群众文化自信、凝聚公众精神力量，推动文化繁荣和社会进步而不懈探索。

翻开《河润华章 人物风流——渭南市博物馆》，了解渭南，走进渭南市博物馆。让我们一起仰望先贤、续写华章！

# 目录

渭南市博物馆概况 ··· 001

第一章　远古寻根　文明曙光——史前时期的渭南 ··· 005

　　一、黄色人种何处寻 ··· 005
　　二、黄河岸边是家园 ··· 010
　　三、风格独特细石器 ··· 014
　　四、农业起源添新证 ··· 017
　　五、仰韶文化聚集地 ··· 018
　　六、龙山文化父权显 ··· 023
　　七、"字圣""酒圣"出渭南 ··· 027

第二章　先秦记忆　战争交往——夏商周时期的渭南 ··· 035

　　一、商代"元圣"是伊尹 ··· 035
　　二、关关雎鸠颂爱情 ··· 038

三、夏商周代封国多　…040
　　四、诸侯争霸古战场　…045
　　五、御秦工程魏长城　…052
　　六、王翦父子助统一　…055

第三章　京畿重地　汉家粮仓——秦汉时期的渭南　…061

　　一、水陆要冲连东西　…062
　　二、离宫别苑似仙境　…068
　　三、删繁就简创隶书　…072
　　四、黄壤陆海多粮仓　…077
　　五、千古"史圣"司马迁　…086
　　六、"廉垂四知"是杨震　…092

第四章　战乱融合　王兴龙起——魏晋南北朝时期的渭南　…101

　　一、曹操潼关败马超　…101
　　二、王猛改革强前秦　…106

三、东魏西魏战沙苑 … 109

　　四、雄才大略宇文邕 … 113

　　五、民族融合大熔炉 … 118

第五章　盛世英杰　山陵巍峨——隋唐时期的渭南 … 131

　　一、弘农杨氏平天下 … 131

　　二、"出将入相"张仁愿 … 141

　　三、"诗圣"名篇出渭南 … 144

　　四、"再造唐室"郭子仪 … 147

　　五、心系苍生白居易 … 152

　　六、"中兴名将"李元谅 … 155

　　七、山川峻秀多龙脉 … 157

第六章　贤相良才　古建生辉——宋元明清时期的渭南 … 169

　　一、治国安邦有寇准 … 169

　　二、"政学合一"南大吉 … 173

三、"状元宰相"有王杰 … 177
四、"千古诤臣"数王鼎 … 179
五、"救时宰相"阎敬铭 … 183
六、崇文重教多名儒 … 186
七、古建民居冠三秦 … 189

附录 … 205
　　游客服务信息 … 205
　　陕西省博物馆分布示意图 … 212
　　陕西省博物馆名录 … 213
　　主要参考文献 … 224

# 渭南市博物馆概况

渭南市博物馆是一座集文物收藏、保护研究、陈列展示、宣传教育和考古勘探、发掘清理、学术交流为一体的现代化综合博物馆，位于临渭区乐天大街中段南侧，总占地约 60000 平方米，建筑面积 35874 平方米。博物馆建筑荣获"中国建设工程鲁班奖"，功能齐全，布局合理，包含七大功能区：陈列开放区、宣教功能区、藏品保管区、业务科研区、安全消防区、行政办公区、机电设备区。设置展厅 11 个，面积 11576 平方米。

当前，渭南市博物馆已经形成由两部分组成的陈列体系：一是"与华相宜——渭南故事"基本陈列，分为 8 个单元：物华天宝——渭南的地理环境与自然资源，远古寻根——史前时期的渭南，先秦记忆——夏商周时期的渭南，京畿重地——秦汉时期的渭南，龙兴之地——魏晋南北朝时期的渭南，国脉所在——隋唐时期的渭南，俗风和雅——宋元明清时期的渭南，烽火秦东——近现代的渭南。本展览以人物为主线，按照"人物+文物+历史事件"的展陈思路布展。每个单元以历史时代为背景，选择渭南著名人物、代表性事件、重大成就作为节点，以"点"串"线"，以"线"构"面"，突出各个时代渭南的人文特征。

二是"百年沧桑——渭南记忆"陈列展览，本展览是渭南市博物馆自主策划并实施的原创性展览，主要展现渭南近代以来的社会发展变迁，展示百年渭南的重大事件、主要成果，重点表现在中国共产党领导下渭南的发展实践与辉煌成就。展览分为4个单元：东府风云——清末民国时期的渭南，山河巨变——社会主义革命和建设时期的渭南，秦东春潮——改革开放之后的巨大成就，振羽腾飞——关中东部中心城市的崛起。各部分下设小节，相互支撑，既相互独立又完整统一。同时，临时展览不断。先后举办了"中西合璧 盛清瑞宝——圆明园四兽首铜像特展"与"怀玉比德——清代玉器精品展""逸笔纵横铸千秋——韦江凡作品展""岁月如歌——民国以来陕西社会发展变迁物证展""粉墨丹青——唐墓壁画精品摹本及相关文物展""东府梦华——何柳生美术作品及版画制作工艺展"等大型临时展览多次。

近年来，渭南市博物馆还精心打造了"我们的节日"系列社会教育活动。2019年先后开展了"金猪抱福迎新春"系列活动、"欢欢喜喜闹元宵"、六一儿童节、"美好端阳"端午系列活动、"七夕之夜"、中秋节、国庆节等多项活动，内容有民俗体验、手工制作、文物导赏等几大类数十项，基本涵盖全年传统节日，一系列活动吸引了广大市民的积极参与，受到市民和媒体的广泛关注和一致好评。

自2016年开馆以来，渭南市博物馆已发展成为传承历史文明、凝聚精神力量、增强文化自信的重要平台，是渭南这座城市的标志性建筑，也是对外开放的重要窗口、广大市民的文化乐园与爱国主义教育基地。

书中介绍的部分馆藏文物和展品，只是给读者提供了一个了解渭南深厚历史文化的窗口。为了让读者和参观者更全面深入地了解渭南，我们用了大量篇幅全景式介绍渭南波澜壮阔的历史文化。

## 壹

### 远古寻根 文明曙光

史前时期的渭南

# 第一章　远古寻根　文明曙光——史前时期的渭南

远古时期，渭南大地温暖湿润，草木茂盛，野兽出没，鱼虾成群，黄河、渭河、洛河沿岸，生活着不少原始人群。早在约 20 万年前，以"大荔人"为代表的原始人类就在这里繁衍生息。在渭南境内发现的禹门口洞穴遗址（距今 8 万—5 万年）、沙苑文化遗存（距今 1 万年左右）、老官台文化遗存（距今 8000—7000 年）、泉护村等仰韶文化遗存（距今 7000—5000 年）、横阵等龙山文化遗存（距今 5000—4000 年），既生动反映了远古先民在这里生存发展的进程和生产生活的状况，也充分证明了渭南是中华民族和华夏文明的重要发祥地之一。

## 一、黄色人种何处寻

1978 年初春，陕西省水利电力局水电设计院地质勘探队刘顺堂等人对渭南大荔县一带的地质状况进行勘察。3 月 21 日，他们在段家公社解放三队（今段家镇解放村四组）附近的甜水沟东崖洛河三级阶地砾石层（距地面

40余米）中，发现了一具完好的人头骨化石。后经我国学者多方研究和测定，这块人头骨化石应属于一位30岁左右的男性，并确定其为早期智人中的较早类型，地质学年代为中更新世晚期，人类学时代为原始社会，考古学年代为旧石器时代，具体时间在距今23万至18万年。因发现在大荔县境内，故命名为"大荔人"。其具体发现地点是甜水沟，故该遗址被命名为甜水沟遗址，并于2001年6月被国务院公布为全国重点文物保护单位。

◎ 甜水沟遗址保护标志碑

"大荔人"头骨化石保存基本完整，唯缺下颌骨和牙齿，脑颅的右侧后上部及左侧颧弓缺损，硬腭及齿槽受压挤向上移位，使颜面下部变形，头长207毫米，头宽经复原后为149毫米，重约450克。其特征是颅穹低矮，前额扁平，颅骨壁厚，眉嵴粗壮，颧弓位置低，有枕骨圆枕，这些性状和"北京人"相似；但顶骨相对较大，额部向后倾斜程度小，枕骨隆凸下移，顶枕部较高，吻部不那么前突，颧骨比较朝向前方，鼻梁扁塌，鼻根处凹陷不深，眉嵴平直而非突弧状，有矢状脊存在，整体面部显得平坦，这些都是智人的进步特征，又与现代蒙古人种比较接近。"大荔人"脑容量约为1120毫升，大于"蓝田人"的780毫升、"北京人"的1043毫升，小于"山顶洞人"和"现代人"的1300至1500毫升，处于人类演化过程中从猿人向智人的过渡阶段，是中国首次发现的早期智人中的古老类型。

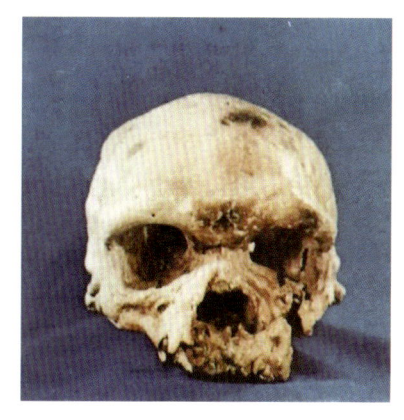

◎ "大荔人"头骨化石

甜水沟遗址总面积约33300平方米，1978年和1980年，中国科学院古脊椎动物与古人类研究所、西安半坡博物馆、西北大学及大荔县文化馆先后在此进行了两次发掘；1983年到1989年，陕西省考古研究所与大荔县文管会又对该遗址及其附近的旧石器时代遗址群进行了多次野外调查和发掘。"大荔人"生活的时期是中更新世晚期，这一时期的洛河水量很大，附近有湖泊和沼泽存在，周围有大片的森林和草原，气候比现在温暖湿润。从其遗址发现的大量动物化石看，在草原上生活的动物主要是野马、披毛犀、普氏羚羊、普氏鼢鼠等；在丛林中生活的动物有犬、斑鹿、肿骨鹿、大角鹿、纳玛象等；此外，还有许多水生和两栖动物，如河狸、鲤、鲶、蚌、螺等。这些动物化石多数为华北温暖带的种类，总体晚于"北京人"时期动物群，早于"丁村人"时期动物群，具有承上启下的意义。其遗址发现的植物孢粉不多，有蒿、菊、藜、荨麻等草本植物，有白刺、蔷薇、连翘等灌木，还有松、柏、云杉等针叶树种，暂未见阔叶树种。综合推断，"大荔人"生活在森林、草原环境中，当时当地的气候比较温暖，雨水较多，附近有面积较大的水域，这一切都有利于他们获取食物。

根据考古学、人类学等学者目前的研究推测，"大荔人"生活的时期，环境原始，群兽出没，遍野洪荒。因此，人们必须聚居在一起生活，以克服恶劣的自然环境；人口很少，社会关系靠血缘纽带维系，公共事务由年长者管理和控制；依靠采集和渔猎来获得食物，经常迁徙，居无定所，生产力水平低下，生产资料和劳动成果公有，采取平均主义的分配办法；居住方式以洞穴和树上筑巢而居为主；实行同辈男女互相婚配的群婚，男性以捕鱼狩猎为主，女性以采集果实和抚养小孩为主。这些应是那个时期人类的主要生活方式。在这种艰苦的生存条件下，在与大自然不停的搏斗中，人类不仅改造了自身——不断地进化，而且还创造了丰富多彩的旧石器文化。

"大荔人"文化遗址出土的石器计1221件，包括石核、石片、刮削器、尖状器等，此外还有少量的雕刻器、石锤、砍砸器和石球等，原料多是采自当地砂砾层中的石英岩和燧石。打制技术原始，多向背面加工，修理工作粗糙，刃缘曲折，刃口不齐，钝锐均有。单刃石器多于复刃石器，单刃石器的刃口多在毛坯

◎ "大荔人"时期使用的石器

左侧。总体看来,"大荔人"时期使用的石器属于小石器文化传统。

"大荔人"的发现意义重大。首先,"大荔人"的体质特征,介于直立人和现代人之间,而且与现代黄种人有许多相似之处,与欧洲、西亚的早期智人相差较大,很可能代表了一个新亚种,即智人大荔亚种。因此,"大荔人"的发现填补了我国乃至东亚古人类演化研究的一大空白。其次,"大荔人"头骨化石不仅是中国迄今发现最完整的早期智人化石,而且在世界范围内这样保存完好的标本也是罕见的,因此"大荔人"的发现对研究直立人到智人的演化有重要意义。再次,其遗址内出土有丰富的动物化石和石制品,为复原"大荔人"的生活环境、重建"大荔人"的生计行为模式和文化特征、构建华北地区旧石器文化的演化序列提供了重要材料。更为重要的是,"大荔人"与现代蒙古人种之间的差异很小,二者之间有极为密切的亲缘关系,因此有学者认为"大荔人"是正在形成或发展中的蒙古人种,是探索黄色人种起源和发展奥秘的一个重要线索。

## 二、黄河岸边是家园

随着时间的更迭和环境的变迁，渭南境内古人类的生活方式也在不断演进发展。禹门口洞穴遗址，位于渭南韩城市龙门镇禹门口西侧的华子山山腰的一处洞穴内，侯西铁路2号隧道的上面。

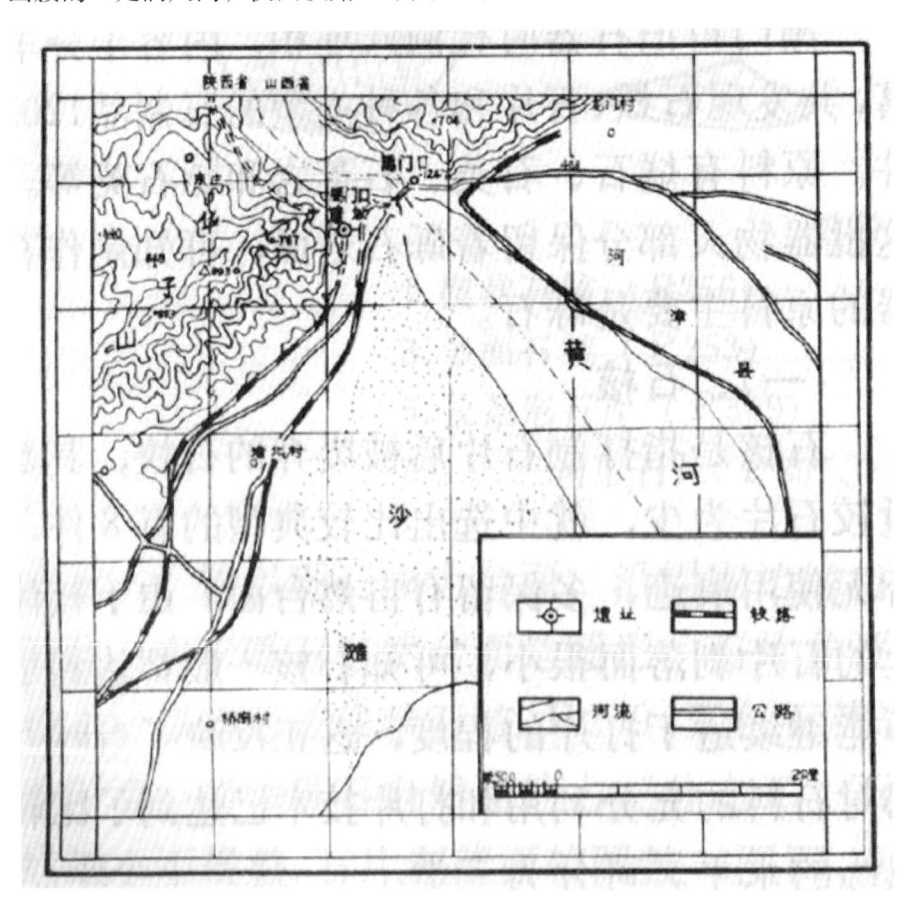

◎ 禹门口洞穴遗址位置图（资料图片）

这一远古人类的家园，是一个奥陶纪的石灰岩溶洞，海拔600多米，东望黄河，背靠华子山，高出河床30米，往南便是开阔的台塬和盆地，西北面则是山区和黄土高原，是早期人类居住活动的理想场所。该遗址是1972年在修建侯西铁路时被发现的，西北大学得知后组织地质系和历史系的教师前往现场勘探清理。经过试掘，发现有兽类骨块、牙齿、小型石器等，最终判断此遗址为一处旧石器时代晚期人类长期居住的洞穴遗址，具体时间为距今8万至5万年。

禹门口洞穴遗址是在陕西境内和黄河中游发现的一处旧石器时代晚期的滨河洞穴文化遗存。在该洞穴遗址堆积中发现1202件石制品、人类用火的痕迹和一些火烧过的动物骨骼。其中，石制品有石核、石片和砍砸器、切割器、尖状器、刮削器等。石器体积细小，石片宽短刃薄，制作原料是取于黄河河床中的燧石、石英和石英岩砾石，制作方法皆采用直接打制法，二次加工的痕迹细小，以用石片制作的刮削器为主要工具。刮削器是一种古人类普遍使用的工具，在出土石器中比例也最大，古人类可以用它剥下兽皮给自己制作温暖的衣物，也可以用它刮削木棒制作尖锐的武器。禹门口遗址出土的刮削器形制复杂多变，又有数量仅次于刮削器的小尖状器，代表了一定的打制技术水平。

禹门口洞穴遗址出土的动物化石有牛、犀牛、鹿等，都经过人工打碎，还发现有灰烬层，内含烧骨、炭屑和石块等，虽没有发现故意打制而成的骨器，但也是原始先民在此长时间劳动生息过的证据。在沉积物中还发现了孢粉，经过古生物学者

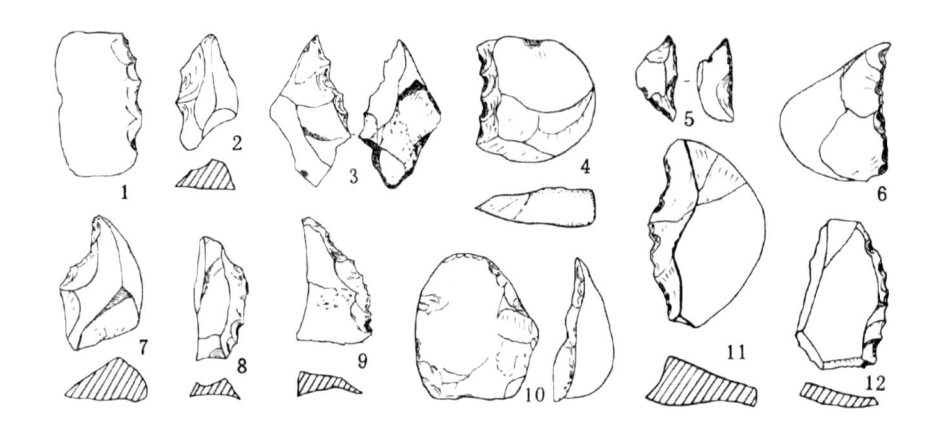

◎ 禹门口遗址发现的部分刮削器
1.长方形直刃；2、3、5.菱形直刃；4、6.弧背直刃；7.喙嘴状凹刃；8、12.长条形凸刃；9.三角形凸刃；10.龟背形凸刃；11.节月形凸刃

鉴定，有松、桦、榛、柳、云杉、胡桃、蔷薇科、豆科、禾本科等植物残存，由此植物情况可以推测当时的自然景观为森林草原。

从旧石器时代中期的"大荔人"到旧石器时代晚期的禹门口洞穴文化，关中东部都是早期人类活动的一个重要区域。禹门口洞穴遗址的发现，既为陕西省旧石器时代文化研究提供了重要资料，也为研究渭南境内古人类的发展演进提供了有力佐证。

相传远古时代，黄河水流至今陕西韩城与山西河津一带，被一座高山（龙门山）挡住去路而溢出河床，四处奔流，两岸一片汪洋。大禹带领民众凿山疏浚，黄河水从状如槽形、宽80余步、长9里（4.5千米）余、高数千尺的缺口中咆哮而出，奔流而下，一泻千里，最终注入大海，从此黄河两岸的百姓得以安居乐业。后人为了纪念大禹治水的功绩，就把这个缺口叫作禹门口。同时，这里也是著名典故"鲤鱼跳龙门"的产生地。

◎ 禹门口黄河风景照

◎ 韩城大禹庙

### 三、风格独特细石器

1955年秋，考古学家安志敏带领黄河水库考古工作队在三门峡水库淹没区进行考古调查，在当时渭南朝邑县城（今渭南市大荔县朝邑镇）南部的沙丘地带采集到一些打制的石片和石器。这一发现引起了有关部门的重视，次年就对此地组织实施了重点勘察，发现在大荔县南部的沙丘地带散布着15处有石器的地点，共采集3000多件打制石器。20世纪80年代，考古学者对此地调查探索的脚步未曾停歇，在调查中又发现了8600多件文化遗物，并且在沙底村发现了一块人类顶骨化石。

渭南大荔县南部洛水与渭水之间的这一大片沙地和草地，自古被称为"沙苑"，东西长约40千米，南北宽6至15千米不等，形成时间不明。那么，关中平原为什么会产生沙地呢？原来是因为洛河发源于陕北，这里的林草植被遭到破坏，水土流失严重，加上渭河（包括泾河）每年有约5亿吨泥沙下泄，除了输入黄河外，不少泥沙淤塞在洛渭三角洲，经过长年累月的风蚀堆积，在这里逐渐形成大片沙地及沙丘。沙苑的东部多沼泽及水草地区，形成了天然的狩猎地带。1万多年前这片土地上发生的故事，已经被埋没在翻滚的沙海之中，只有那些石器还在默默记录着历史。

两次考古调查，发现遗物的地点都没有一定的规律，比较分散，第二次甚至遍及整个沙苑地区，推测这种情况的产生可能是由于沙丘移动。

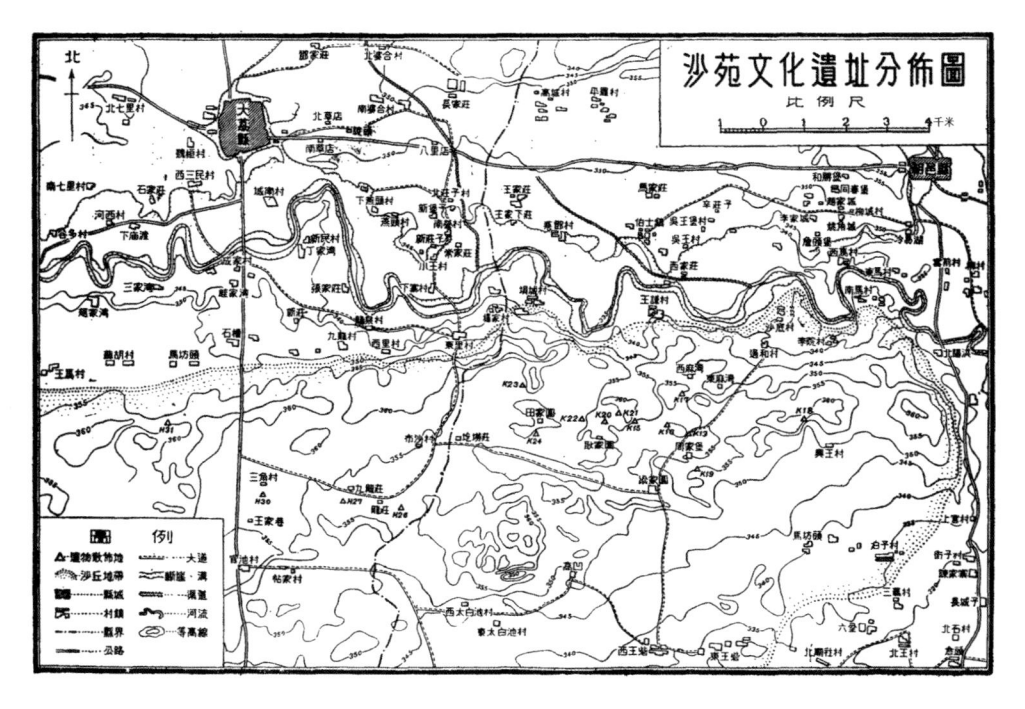

◎ 沙苑文化遗址分布图（资料图片）

  考古队员对采集到的石器进行挑选，第一次挑选出 519 件标本，第二次挑选出 1061 件标本。经过进一步研究，多数石器比较原始，制作粗糙，形状较小，石料以黑色、紫色、灰色燧石为主，还有少量脉英石、石英岩等。根据制法不同可以分为细石器、石片石器、石核石器三大类。

  细石器是产生于旧石器时代晚期、盛行于中石器时代的一种形状细小的打制石器，一般以间接法打制的细石核、细石叶及用细石叶加工的石器为主，用来制作石刃装备骨、木等工具。沙苑的细石器与细石器文化中的遗物基本相同，与峙峪遗址的文化类型最为接近。制法主要采用间接打制法，进一步加工采用压制法，器型比较复杂，有石核、石叶、小石片、尖状器、刮削器、石镞六类，每类之中也富有变化。石片石器是中国旧石器时代出现最早、延续最长、分布也最为广泛的石器类型。石片石器是沙苑遗址的典型代表，与细石器最大的区别在于制法。石片石器的制作与加工都采用直接打制法，器型比较简单，有石片、尖状器、刮削器三类。沙苑遗址的石片石器具有若干比较特殊的文化因素，比如尖状器和刮削器，器型原始，制作风格独特，不同于其他细石器文化，因此被考古学界定名为"沙苑文化"。

1973年在沙底村发现的人类头骨化石残块，是一块顶骨化石，经测定为一名小于26岁的青年，被命名为"沙苑人"。"沙苑人"左侧顶骨化石，残长10.4厘米，残高7.6厘米，外表乳白色，内壁灰白色，应属于现代人类型，其石化程度较轻，与沙苑地区碎兽骨的石化程度大体相同。因此，它应该就是沙苑文化创造者的遗骨。此时的人类继续使用直接打制的大型石器，而占主体地位、间接打制的细石器工艺更为成熟，出现了用细石片镶嵌在骨木柄上的箭、刀等进步的复合工具，骨镖、骨锥等骨器也较为精良实用。尤其是石镞的出现，表明当时已发明了弓箭。有了弓箭，人类就可以在较远的距离猎取野兽，使狩猎效率大为提高。总之，"沙苑人"的渔猎采集经济，整体比旧石器时代的人类有了长足进步。在居住方式上，人们除依旧利用自然洞穴栖息外，还有了季节性的窝棚居址。

考古学界一般将以间接打击法制作的几何型"细石器"作为主要生产工具的时代，暂定为"中石器时代"。这与沙苑文化所延续的距今1万年左右的说法，基本吻合。沙苑人及沙苑文化，为中国中石器时代的深入研究提供了重要线索，填补了中国古人类及考古文化发展链上的一个重要缺环。

## 四、农业起源添新证

距今约 8000 年的新石器时代早期,在今渭河流域的人类已经过着定居的生活。他们开始从事原始农业生产,狩猎业比较发达,开始饲养家畜,原始纺织业也有所发展。他们生有住所(多为不规则圆形半地穴式窝棚建筑),死有墓地埋葬。生产工具有石器、骨器、蚌器和陶器,生活用具主要是陶器,陶器上出现了彩绘图案。这就是老官台文化,这种文化因首先发现于华县(今渭南市华州区)杏林镇老官台村而得名。

老官台文化是一种以三足器和圆底陶器为基本特征的文化遗存,时代早于仰韶文化。发明陶器,是人类第一次改变了自然物的性质,使它适合人的需要。迄今为止,老官台文化遗址已发现有 40 余处,主要分布在渭水上游的陇东地区、渭水中下游地区及汉水流域及其支流地区,在渭南境内发现的有临渭白庙、北刘下层、华州老官台、梓里等遗址。另外,甘肃天水的大地湾遗址与此属于同一类型的文化。

◎ 渭河流域老官台文化分布图

老官台文化的基本特征：陶器绝大多数为夹砂红陶和夹砂灰陶，纹饰以大量绳纹为主要特点，并有部分附加堆纹。彩陶颜色多为红色，黑彩少见，以涂抹于陶钵口部外侧的宽带纹最为常见，而富有特色的波折纹、"山"字纹、蝌蚪形纹和放射状星点纹等则不见于同时期的其他考古学文化遗存中。陶器的器形组合主要为圜底钵、三足钵、圈足碗（钵）、三足筒形罐、三足鼓腹罐、小口鼓腹罐（即小口球腹无耳壶）等。

老官台文化与仰韶文化存在较深的渊源关系。从陶器构成来看，老官台文化流行的圜底钵、深腹平底钵广泛流行于仰韶文化半坡类型中，且造型相似。从陶器特征来看，老官台文化和半坡类型的陶器均以红陶为主，既有夹砂陶，也有泥质陶；老官台文化以绳纹和带状彩陶为主体纹饰，半坡类型也广泛流行绳纹，并且在老官台文化单一彩陶的基础上，无论是彩陶的数量还是种类都有了长足的发展。从葬俗来看，仰韶文化半坡类型流行的瓮棺葬也见于老官台文化，只是瓮棺葬的葬具有所区别。

另外，不同地域的老官台文化还在陶器特征上表现出不同的"亚文化谱系"特征，学界多据此将老官台文化区别为不同的地域类型。老官台文化的石器比较粗糙，带有一定的原始性，打制石器比例很大，缺乏制作规整的磨制石器。总之，老官台文化的发现，对于探讨中国农业起源、追溯仰韶文化的渊源具有重要意义。

## 五、仰韶文化聚集地

仰韶文化是距今7000年至5000年的一种新石器时代的重要文化，持续时长2000年左右，因1921年首次在河南省三门峡市渑池县仰韶村发现，故将此类文化称为仰韶文化。仰韶文化以关中豫西晋南为中心，分布于北到

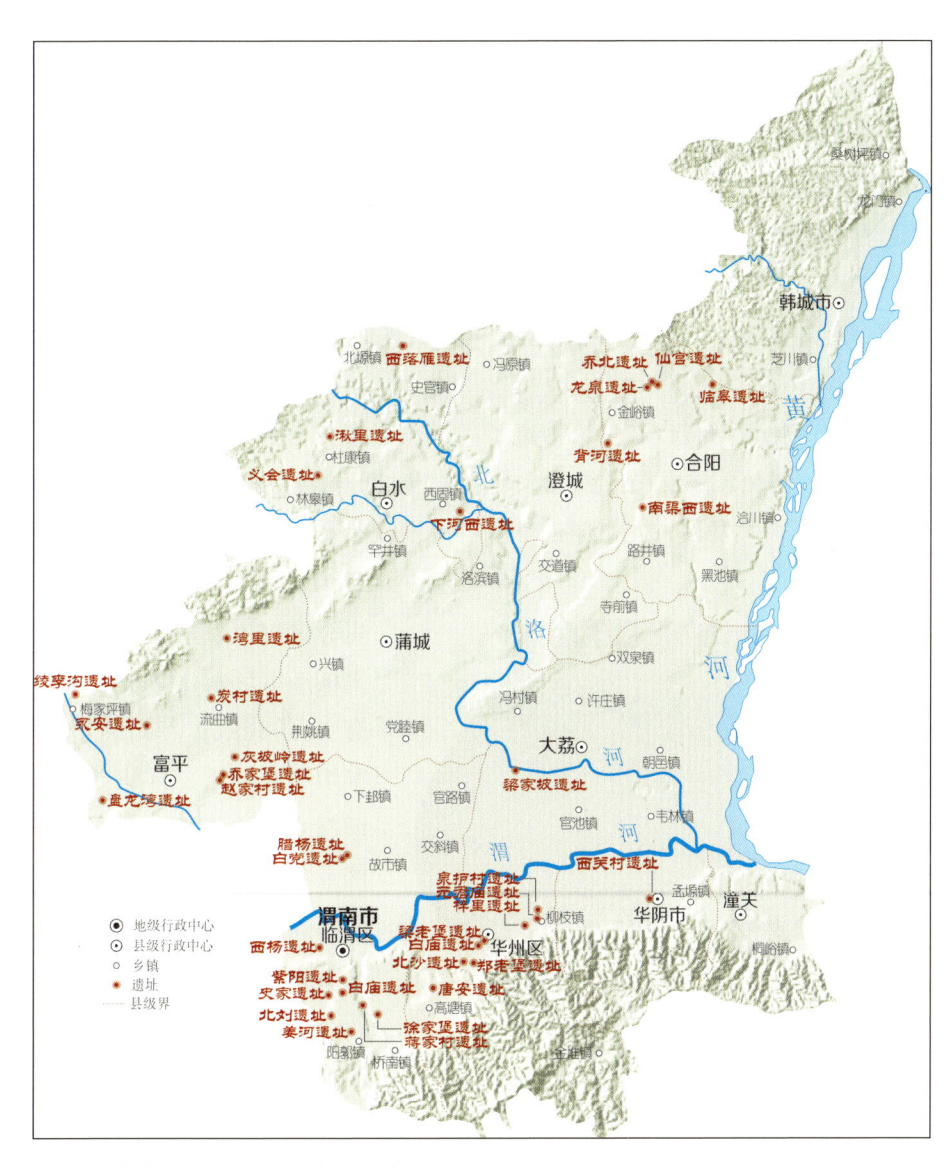

◎ 渭南境内重要仰韶文化遗址分布示意图

长城沿线及河套地区、南达鄂西北、东至豫东、西到甘青交界的广大地区，其地位显赫，影响深远，成为中国新石器时代最重要的考古文化。仰韶文化可分为早、中、晚三期，分别以半坡类型、庙底沟类型和西王村类型（或半坡晚期类型）为代表。考古工作者在关中地区发现了极为丰富的仰韶文化遗存，村落分布也更加密集。截至1958年，在渭南华县（今渭南市华州区）东西20千米范围内，就发现了仰韶文化遗址5处，包括泉护村、元君庙、史家、北刘等遗址。之后，在渭南境内又发现仰韶文化遗址30多处，密度相当高。

仰韶文化较老官台文化更为进步。虽然采集和渔猎在经济生活中仍占重要地位，但是，种植农业已逐渐成为仰韶时期人类经济生活的主要部门；饲养业也有很大发展，元君庙遗址墓葬中发现有随葬的猪颌骨，就是非常有力的证据；原始手工业也有突出成就，元君庙陶器上的布纹印痕，每平方厘米有12条经线，与近代农村家织粗布相近，可知当时编织技术已达到相当水平。制陶业更是有长足发展。小件陶器捏塑成型，大件陶器的成形方法多改用较进步的泥条盘筑法，较晚还出现慢轮修整。因当时陶窑的温度在900～1000摄氏度，在氧化作用下，出窑的陶器多呈红

◎ 仰韶文化花瓣纹彩陶罐

色。若器坯在晾干入窑前，再加以装饰，画上图案，出窑后就是彩陶。当时彩陶的造型和装饰水平都达到了高峰，因此仰韶文化也被称为"彩陶文化"。最具特色的器形有夹砂罐、小口尖底瓶、细颈壶、盆、钵、碗以及釜、罐、灶等。

仰韶文化时期的人类，已进入了母系氏族社会的繁荣时期。当时人们居住的村落或大或小，比较大的村落的房屋有一定的布局，周围有一条围沟，村落外有墓地和窑场。选址一般在河流两岸经长期侵蚀而形成的阶地上，或在两河汇流处较高而平坦的地方，这里土地肥美，有利于发展农业、畜牧，取水和交通也很方便。村落内的房屋主要有圆形或方形两种，早期的房屋以圆形单间为多，后期以方形多间为多。房屋是泥草混合形式，房屋的墙壁是泥做的，有用草混在里面的，也有用木头做骨架的。墙的外部多被裹草后点燃烧过，来加强其坚固度和耐水性。

元君庙—泉护村遗址，位于今渭南市华州区柳枝镇，已发现有仰韶文化时期的居住地和墓地两部分。居住地位于泉护村，属仰韶文化庙底沟类型。房址有半地穴和地穴式两种，半地穴式为方形圆角，地穴式口部为椭圆形。陶窑为横穴式，二三座为一组。出土的陶器以细泥红陶为主，夹砂红陶次之，其他少见。陶器形状复杂，品类众多，主要有敛口曲腹碗、曲壁深腹盆、双唇口尖底或平底瓶和釜、灶、杯等。纹饰以线纹常见，彩绘也有一定比例。图案纹饰富于变化，基本上用条纹、涡纹、三角涡纹、圆点纹及方格纹等组成，弧线纹、鸟纹也较常见。墓地位于元君庙，属仰韶文化半坡类型，共发现墓葬57座，其中45座分布在东西两个墓区，每区又按时间先后排成三行。

除一部分单人墓外,有 28 座是同时葬入的多人合葬墓,每墓少则 2 人,多则 25 人,均仰身、直肢、头朝西。元君庙—泉护村遗址范围大,文化遗存丰富,是研究仰韶文化和探讨中国原始氏族社会结构的典型范例。2001 年 7 月被国务院公布为全国重点文物保护单位。

◎ 仰韶文化黑陶鸮鼎(复制品)
原文物现藏中国国家博物馆,出土于今渭南市华州区太平庄

史家遗址,位于今渭南市临渭区南约 7.5 千米的湭河西岸二层台地上,现存遗址面积约 2 万平方米。1973 年被发现,1976 年进行发掘,发掘面积 250 平方米,发现窑穴 4 个、仰韶文化墓葬 43 座、人骨架 733 副。随葬品有陶器 155 件、石器 29 件、骨角器 2 件,还出土了大量的动物骨骼。这些大量的人骨架为研究人种学、病史学提供了宝贵材料,而这些动物骨骼对研究当时湭河川生态环境和气候变迁也有重要价值。史家遗址的墓葬,绝大多数系二次合葬墓,性别年龄混乱,尸骨个体排列整齐,随葬品较少,而且是集体陪葬,非个人陪葬品。在合葬坑中,凡随葬器物都被放在老年妇女身边,反映了母系氏族社会妇女地位较高的事实。史家遗址类型是介

于半坡类型与庙底沟类型之间的仰韶文化新类型,具有承前启后的作用,填补了仰韶文化发展序列的一个空白。

北刘遗址,位于渭南市清水河与稠水河交汇处的二级台地上,年代上限为距今8000年左右。西安半坡博物馆和渭南文管会于1979年、1980年以及1981年对该遗址进行了4次发掘,得到一批新石器时代早期偏晚的器物群和一组与仰韶文化地层叠压关系的证据。遗址分两期,早期属于老官台文化,上承沙苑细石器文化,下继仰韶文化半坡类型;晚期则属于仰韶文化庙底沟类型。出土遗物有彩陶、陶器、石器、骨器等。

**六、龙山文化父权显**

龙山文化,泛指中国黄河中下游地区新石器时代晚期的一类文化遗存,属铜石并用时代文化,因1928年首次发现于山东省历城县龙山镇(今属济南市章丘区)而得名,距今5000至4000年,分布于黄河中下游的河南、山东、山西、陕西等省。考古学家在这些地区的龙山文化遗址中,发现许多薄、硬、光、黑的陶器,尤其以蛋壳黑陶杯最为精致,所以龙山文化也被称为"黑陶文化"。

陕西的龙山文化,亦称"客省庄文化"或"客省庄二期文化",因发现于西安市长安区马王镇客省庄村沣河西岸的新石器时代晚期遗址而得名,主要分布在陕西省泾河及渭河流域。陕西龙山文化的陶器主要是灰陶,多为泥质,有大量篮纹、绳纹。其中,三足类炊器中鬲(lì)、斝(jiǎ)较多,鼎、鬶(guī)少见;

饮食器中罐、碗较多，盘、盆稍少；特别是有一种折肩小平底瓮，为其他文化所罕见，是代表性器形。

渭南境内的龙山文化遗址以华阴市罗敷镇的横阵遗址最为著名。遗址中发现有包括仰韶文化、庙底沟二期文化与客省庄二期文化3种遗存。遗址面积约12万平方米，经1958—1959年3次发掘约10000平方米，断面暴露的文化堆积层长170米，厚0.9至2.1米。被确认为仰韶文化与龙山文化时期叠压并存的古文化遗址。横阵遗址出土龙山文化时期的陶器783件，有炊具鬲、箪（dān），饮食器壶、单耳罐、双耳罐等陶器，还有骨器、蚌器、石器。横阵遗址的发掘，特别是瓮棺葬及合葬古墓群的发现，具有重大历史意义，为研究新石器时代氏族社会晚期发展情况和当时的家族组织提供了大量实物资料。2006年5月，横阵遗址被国务院公布为全国重点文物保护单位。

位于今渭南市华州区瓜坡镇的南沙遗址，台塬相间，依山傍河，水源充足，是先民居住生活的良好场所。西安半坡博物馆考古队，于1958年和1983年2次在此发掘清理出新石器时代仰韶文化遗址、龙山文化遗址，还有二里头文化遗址及商代遗址，出土的各类遗迹数十座，遗物多件，其中

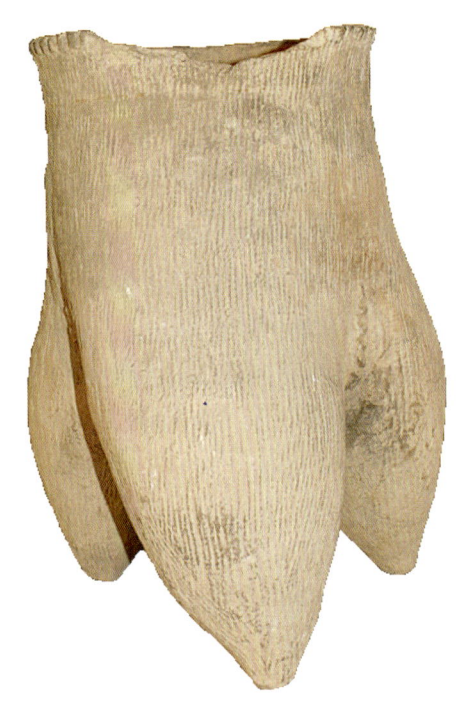

◎ 绳纹灰陶鬲
高42.5厘米，口径25厘米

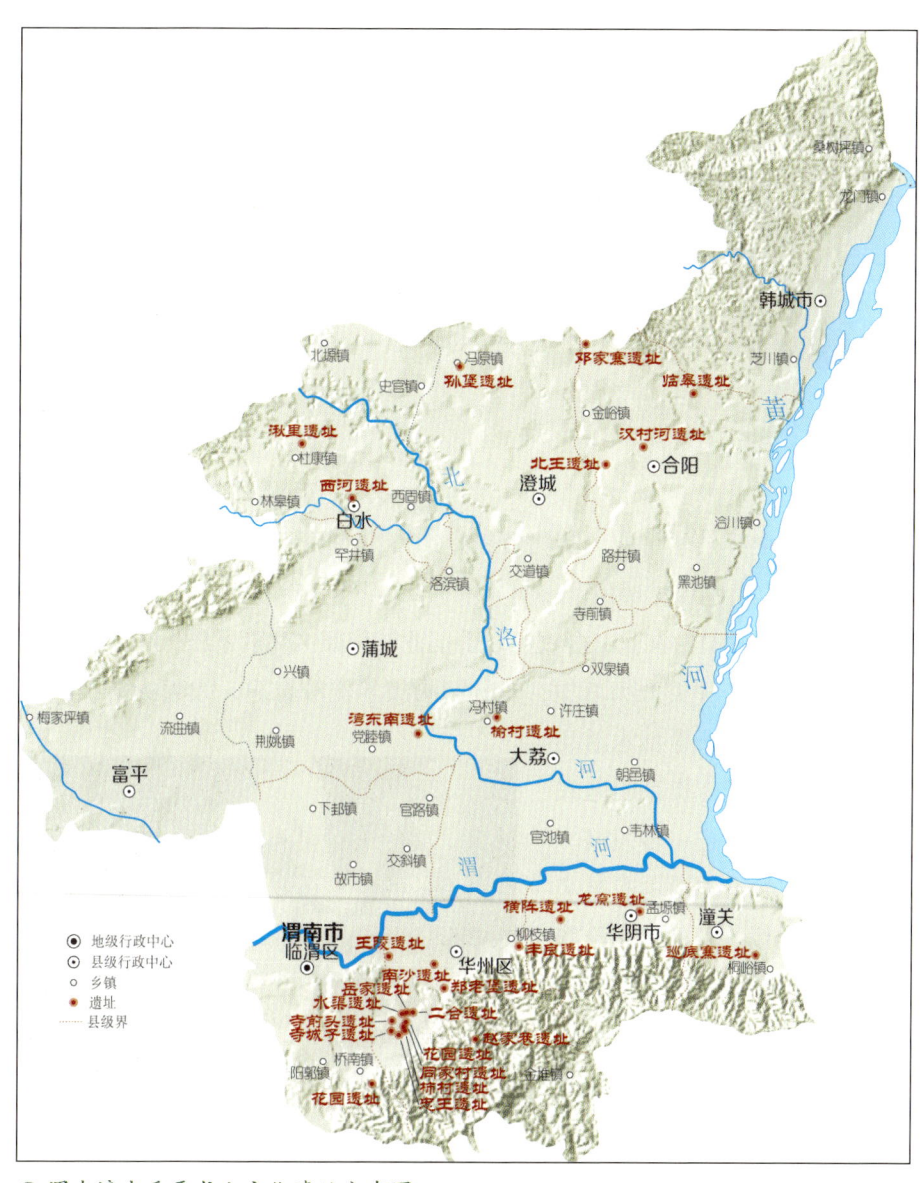

◎ 渭南境内重要龙山文化遗址分布图

在龙山文化墓葬区首次发现 2 副完整的马骨。并且获得了许多商代前期的遗迹遗物，有房屋、灶炕、窖穴、墓葬、陶窑及许多石、骨、陶、蚌、铜质生产工具和生活用具，其中有卜骨、刻划符号及划陶纹。这些发现对研究我国新石器时期至商代历史提供了重要的实物资料。2013 年 5 月，南沙遗址被国务院公布为全国重点文物保护单位。

◎ 南沙遗址卜骨

龙山文化时期的农业、畜牧业、手工业较仰韶文化有了很大的发展，生产工具的数量与种类大为增加，快轮制陶技术比较普遍，大大提高了生产效率。同时，占卜等巫术活动较为盛行。生产力提高引起农业和手工业分工进一步发展，导致男子在生产方面占有越来越主要的地位，于是父系氏族制度代替母系氏族制度便成为必然。随着财富积累和私有财产日益增加，人类即将跨入阶级社会的门槛。

◎ 快轮制陶技术示意图

## 七、"字圣""酒圣"出渭南

渭南"三圣"之一"字圣"仓颉，也作苍颉，复姓侯冈，名颉，号史皇氏，黄帝时代古阳武（今陕西白水县杨武村一带）人。先秦人成书的《世本·作篇》中说"仓颉是黄帝的右史"仓颉是我国原始文字的创造者和传播者，被后人尊崇为中华文字之祖，世界历史文化名人。美国华盛顿帝国博物馆1939年为仓颉塑有雕像。

仓颉所处的时代，是中国先民从伏羲氏创造八卦的渔猎时代，经神农氏播种五谷的农耕时代进入共主文明的黄帝时代。由于社会的物质文明和生活文明已初步形成，新生事物不断出现，传统的结绳记事和刻画符号记事法，极易混淆，有诸多不便，无法适应复杂的事物。仓颉作为史官，面对诸多事物和发展变化过程及至"河出图、洛出书"，又实际仰观天体变化，俯察龟背、鸟羽、山川、指掌纹理，创造相应的纹（文）和字。依类象形，称之为文；形声相依，称之为字。《荀子·解蔽》《韩非子·五蠹》《吕氏春秋·君守》等许多典籍中，均记载着仓颉造字的事迹。

汉字，不可能是仓颉一人创造的，在他之前及同时期，已有别人创造的零星的、简单的图形笔画，他予以收集、整理、加工提高，加上自己的创造，集大成而成为众多的汉字。《荀子·解蔽》中说："故好书者众矣，而仓颉独传者，壹也。"文字产生在国家形成的过程中，首先应是政事的需要。仓颉之于书，与后稷之于稼一样，都是因为专门从事某方面的工作，从而掌握了正确的规律。在原始记号过渡到较为规范的文字的过程中，起到了极其重要的作用，因而得以独传。

文字的产生是人类文化发展史上里程碑式的重大事件。东汉许慎在《说文解字》中则把前人典籍中关于仓颉造字的记载加以吸收整理，正式写入早期汉字史。大致的意思是，无文字时，人们用结绳记事，绳结相似，容易记混；用在木板上刻道记事，纵道横道，无有定规；用象形图画记事物，如动物的姿态就有卧起飞伏之别，其体态又有鳞羽毛鬣之异，千姿百态，难尽表达。有了文字，才整齐划一，下笔不容增损。由各种纷杂的符号，进而成为约定俗成的记述各种事物的工具。《淮南子·本经训》也载："昔者仓颉作书而天雨粟，夜鬼哭。"

仓颉庙内碑石存量颇丰。其中"仓圣鸟迹书碑"，清乾隆十九年（1754）立，刻有"仓圣鸟迹"，即远古流传下来的《仓颉书》，全文28个字。宋太宗淳化三年（992）编印的《淳化秘阁法帖》收录了它。《大观帖》翻刻时，将《仓颉书》28字意译为"戊己甲乙，居首共友，所止列世，式气光名，左互乂家，受赤水尊，戈矛斧芾"，这根本无法读通，不为学术界认可。有当代学者认为，《仓颉书》的内容，就是黄帝时代一次祭祀活动的记录。

◎ 仓圣鸟迹书碑

仓颉的葬地。《春秋元命苞》中说,他"卒葬衙之利乡亭(衙即衙县,今白水县的古称。利乡亭,今史官村)"。仓颉墓,在白水县城北约25千米的史官村的仓颉庙内。东汉延熹五年(162)所立仓颉冢碑,尚保存完好。庙占地17亩(11333.33平方米),内部楼殿竞耸。庙内有千年以上树龄的古柏40余棵,其中"仓颉手植柏"树龄约5000年,被国家文物局定为中国三大古柏群之一。2001年7月,仓颉墓与庙被国务院公布为全国重点文物保护单位。

◎ 白水仓颉庙

渭南"三圣"之二"酒圣"杜康,字仲宁,黄帝时宰人(掌膳食的人),生于今白水县杜康镇康家卫村,卒葬于生前造酒的杜康沟。杜康善造酒,曹操有诗句"何以解忧,唯有杜康"。世人把杜康尊为"酿酒始祖"。自古以来,人们称杜康酿酒之处为杜康沟,酿酒用的泉水为杜康泉,酿造的酒为杜康酒。

《世本·作篇》(先秦时成书)记有:"杜康造酒。"《中国历史文选》对此句中"杜康"注为:"黄帝时期人,后来被奉作酒神。"有的书籍上说"杜康,即少康(夏代第六位君主)",把杜康和少康说成一个人。但《世本·作篇》中明确地说:"杜康造酒,少康作秫酒。"表明杜康与少康不是同一个人,而是两个人:杜康是酒的创始人,少康是用"秫"(黏黄米)酿酒的创始人。关于杜康是何时代人,历史上除黄帝时说外,还有夏朝时说、周朝时说、汉代时说等。但从历史典籍记载和专家学者研究情况看,当属黄帝时说最接近历史事实。中国造酒绵延5000年已被世界公认,黄帝时说基本与其吻合。

杜康出生在白水,历代县志均有记载。明万历《白水县志》载:"杜康,字仲宁。县康家卫人,生卒年月无考,善造酒。"康家卫左侧有一大沟,长约10千米,最深处近百米,名曰杜康沟。沟底有一泉,水质清洌,冬夏不枯不结冰,名曰杜康泉。泉水涌出地面,沿沟流淌,形成一条小河,名曰杜康河。清乾隆《白水县志》载:"杜康造酒于杜康沟""杜康河……自义会(现白水县杜康镇一村名)沟来……一路清澈无滓。水底石块鳞砌,有小石穴,泉水隐隐喷出,至冬不竭""杜康取此水造酒""乡民谓此水至今有酒味"。20世纪70年代初期,考古工作者在杜康沟畔杜康造酒遗址处发现过类似砖瓦的断片,经研究为商、周时期以前的烧制品。杜康庙在杜康河沟底,杜康泉和杜康墓中间,明万历年间建。清乾隆《白水县志》载:"庙是明代知县毛应诗所建,康熙四十八年(1709)重修。"庙的原状是,靠崖挖出土窑两孔,一孔供杜康泥塑彩像,一孔为和尚居住。庙前有大殿3

间，雕栋画梁，非常壮观，可惜于1950年被拆毁。现存大殿为1986年重建。杜康泉东陡崖下，有一直径五六米长的土冢，即杜康墓。清顺治《白水县志》载："康能造酒，墓侧遗槽尚存。岂康殁，即葬于造酒之地也！"现今该墓墓冢封土为圆丘形，高5米，占地面积240平方米，周围用砖砌成花墙一圈，墓前有一通石碑，再往前有平坦陵地，整体保护得相当完好。白水杜康墓现为陕西省文物保护单位。

◎ 白水杜康墓

## 贰

### 先秦记忆 战争交注

夏商周时期的渭南

# 第二章 先秦记忆 战争交往——夏商周时期的渭南

前21世纪夏朝建立后,中国进入新的历史阶段。夏商时期,渭南已属中央王朝统治的地域范围。西周时期,渭南为畿内腹地,社会稳定,经济繁荣。春秋战国时期,周室逐渐衰微,各诸侯国间的兼并与争霸,关中地区社会大动荡,戎狄活动频繁,秦人崛起并向东扩张,渭南境内战争频仍,社会不断变革,至战国末,这里更成为秦人向东发展、统一六国的桥头堡。时势造英雄,这一漫长时期,渭南境内发生了众多历史事件,涌现出许多可歌可泣的英雄人物。

## 一、商代"元圣"是伊尹

伊尹(约前1648—前1549),名挚,尹是官名,商代政治家,夏末有莘国(今陕西合阳县洽川景区一带)人。据《墨子·尚贤》记载,伊尹出身低微,原为有莘之君的奴仆,在城外耕田,常常研究尧舜的治国之道，听说商汤"贤德仁义"，而心向往之。商汤与有莘结亲，伊尹作为有莘氏女的陪嫁之臣来到商汤手下，成为汤的"小臣"。夏末，夏桀推行暴政，百姓怨声载道。他身为庖人（厨师），与汤接触多，便乘机用"割烹"作比喻向商汤陈说，要他"伐夏救民"。据《韩非子·难言》载，伊尹对汤"七十说而不受"。伊尹不气馁，锲而不舍，使其最终接受，并由此受到商汤的赏识，被委以国政。

伊尹辅政后，为商汤制定了灭夏之策。他辅佐商汤利用有缗氏公开反叛夏朝的机会，发兵征讨，陆续灭掉葛、韦等方国，剪除桀的羽翼，使商成为当时强国。汤欲灭夏，不明对方实力，伊尹建议他采取搞贡（不给桀送贡品）的手段，探测桀有多大的军力和号召力，汤采纳了。第一年抗贡不成，第二年抗贡证明桀的号召力和军力都很小了。于是伊尹献策可以对桀作战了，汤就联合诸侯军队，在鸣条打败夏军。最后一举灭夏，建立了商王朝。伊尹被商汤尊为"阿衡"（相当于宰相）。商初，伊尹总结海内方邦兴亡的教训，制定出君臣之间的关系准则，对后世各朝影响很大。汤去世后，伊尹又辅佐外丙、仲壬两王。仲壬是外丙之弟，"兄终弟及"这种继承王位的办法，是伊尹巩固新兴的商王朝的一个重大举措，避免了最高统治阶层争权夺位的内部矛盾，保持了政权的相对稳定。两王任期，伊尹改革耕作制度，到田间引导百姓耕种，发展农业生产，商王朝国力随之增强。

◎ 商代金器文物

仲壬后，汤之孙太甲（汤长子太丁之子，太丁未继位就夭折）继位。太甲沉湎酒色，不理国政，败坏汤的法制德行。伊尹多次提醒告诫无果后，毅然将太甲放逐，囚禁于桐（商汤墓地所在），使其为祖父汤守陵反省。伊尹勇担责任，自摄行政当国。

太甲居桐三年期间，伊尹多次赴桐予以开导，循循善诱，陈述先王之明和人君必须具备的美德。太甲迷途知返，悔过自新，伊尹将他迎回亳都（今河南偃师），还其国政。太甲元年（前1753），伊尹著《伊训》《肆命》《徂后》三篇，太甲三年（前1751），作《太甲训》三篇。临告退时又作《咸有一德》。伊尹退后回到私邑，太甲感其恩德，封他的儿子伊陟为宰相。太甲死后，伊尹认为太甲能以失足为鉴，早朝晏罢，勤政惜民，遵循汤制，治国有方，商朝逐渐繁荣，不失为一代明君。因此尊太甲为"中宗"。据说伊尹活了100余岁，卒于太甲之子沃丁八年（前1550），死时大雾三日，沃丁葬以天子之礼，还作了一篇文献《沃丁》赞颂伊尹的功德。

伊尹一生，建树非凡。他助汤灭夏，建立商朝，历经成汤、外丙、仲壬、太甲、沃丁5朝，辅佐祖孙三代4位商王，对商王朝的建立、巩固和繁荣，立下不朽功勋，成为中国历史上辅佐君主的典范。伊尹去世后，太庚、小甲、雍己、太成几代商王都任用他的儿子伊陟为相，伊陟之弟伊奋亦官居要职。其子孙世代继承伊侯的爵位，被封在伊国为君。伊侯国始终是商王朝的主要属国。周武王灭商时，伊国首先被周武王盟军所灭。伊尹的后代有伊氏、尹氏、衡氏等。史载伊尹葬于都城亳。伊尹故里陕西合阳县县城有伊尹庙，莘村南有伊尹墓和庙，旧有墓田数十顷，墓前有御道。在商代伊尹就受到诸王的隆重祭祀，殷墟出土的甲骨文中有不少祭祀伊尹的卜辞，可见他的功德之重。伊尹被后世人尊为商代"元圣"。

1913年，毛泽东在湖南省立第四师范学校读书时，在其读书笔记《讲堂录》中评价伊尹："伊尹道德、学问、经济、事功俱全，可法。伊尹生专制之代，其心实大公也。尹识力大，气势雄，故能抉破五六百年君臣之义，首倡革命。"（《毛泽东早期文稿》）可以看出毛泽东对伊尹的评价非常之高。

## 二、关关雎鸠颂爱情

《诗经》的开篇《关雎》："关关雎鸠，在河之洲，窈窕淑女，君子好逑……"这几句古诗千年来脍炙人口，被誉为爱情诗的鼻祖。可是你知道这淑女是谁？君子为何人？洲又何在？南宋朱熹在《诗经集传》中注释："淑女，女者未嫁之称，盖指文王之妃太姒为处子时而言。君子，则指文王也。"

第二章　先秦记忆　战争交往——夏商周时期的渭南

他分析这首诗讲述的是周文王与洽川女子太姒的爱情故事。

周文王娶有莘女太姒为妻，生周武王。太姒，姒姓，出生在有莘国（今渭南市合阳县境内）。西伯侯姬昌在渭水之滨遇到太姒，惊为天人，后知道太姒仁爱而明理，生活俭朴，姬昌决定迎娶太姒。《诗经·大雅·大明》篇记述周文王迎娶太姒的情景，诗曰："文王初载，天作之合。在之阳，在渭之涘。文王嘉止，大邦有子。大邦有子，俔（qiàn）天之妹。文定厥祥，亲迎于渭。造舟为梁，不显其光。"因渭水无桥，姬昌决定于渭水造舟为梁，舟舟相连，成为浮桥，亲迎太姒，场面盛大。

《大雅·文王之什·思齐》有记载："思齐大任，文王之母，思媚周姜，京室之妇。大姒嗣徽音，则百斯男（此处的'大'同'太'）"。大婚之后，太姒仰慕长辈之德，效法太姜（周太王正妃）、太任（周王季历正妃），旦夕勤劳，以进妇道。太姒被尊号为"文母"，姬昌理外，太姒治内。太姒与姬昌生下十子，依次为长子伯邑考，次子周武王姬发，三子管叔鲜，四子周公旦，五子蔡叔度，六子曹叔振铎，七子成叔武，

◎ 西周重环纹铜甬钟

◎ 西周铜三足敦

◎ 西周夔龙纹铜簋

八子霍叔处,九子康叔封,十子冉季载。自少严谨教诲,使他们未做过坏事。太姒的儿子中,长子伯邑考因得罪商纣王后妲己而遭到商纣王杀害,故姬昌以次子姬发为太子,姬昌死后而立,是为周武王。渭南合阳县东南莘里村,古时有太姒庙和四圣母庙。

## 三、夏商周代封国多

先秦时期,渭南境内代有方国封置。夏代有有莘国,商代有芮、莘等国,西周有郑、莘、韩、梁、芮、彤、同邧、大荔戎等国,皆名著于史。据考,有莘国,夏、商、周方国,姒姓,在今合阳洽川一带;芮国,商至春秋时方国,位于今韩城、合阳、澄城一带;韩国,西周成王四年(前1112)所封,在今韩城龙亭原和芝阳清水至南英村一带,史称韩侯国,周平王十四年(前757),为晋文侯所灭;梁国,西周宣王时始封,嬴姓,在今韩城市夏阳镇一带,称梁伯国,春秋初依附于晋,后依附于秦,周襄王十一年(前641),秦国灭掉梁国,置少梁城。这一时期渭南辖区诸多方国及其城邑的兴亡与变迁,正是当时中国地方建制发展演进状况的真实写照。

作为一个小诸侯国，芮国在《史记》等文献中有过零星记载，但并不为人所熟知。约公元前17世纪，商置芮国。西周武时，为姬姓芮伯国。周襄王十二年（前640），秦穆公灭亡了芮国。1929年，大荔县赵渡镇（今朝邑镇东南）附近出土了芮公鼎，1936年被送去参加在英国伦敦举办的中国古物展览会，但有去无回，失落海外。学者认为芮国应在今渭南市大荔县朝邑镇南一带。梁带村遗址和刘家洼遗址的先后发现，使这个在历史中默默无闻的畿辅小国，两次震惊世人。

2005年，在陕西韩城梁带村遗址，考古工作者发掘出保存完好的西周晚期至春秋早期的芮国遗迹，为世人揭开了这个灭亡已2600多年的周代封国的历史。梁带村位于渭南韩城市昝村镇黄河西岸的台地上，历经5年3次大规模的勘探和发掘，发现了1300余座两周墓葬，出土文物达36000余件（组）。其中，有7座是芮国国君和夫人墓，最令人瞩目的是M27芮桓公墓，这是中华人民共和国成立以来，陕西地区未被盗掘的最大墓葬，也是两周为数不多南北两条墓道的"中"字形大墓。芮桓公墓出土了大量的青铜器、铁器、金器、玉石器、料器、漆木器等。其中，青铜器有成组的礼器"七鼎六簋"，还有目前发现最早的錞于（一种乐器）；这里还是全国出土金器最多的商周墓葬，其中出土的48件金器里就有金剑鞘、金韘（扳指）、金龙和青铜带盖尊、青铜三角形戈，都是首次发现的两周时

◎ 韩城梁带村芮国墓地发掘场景

期新品种。2006年先后入选"2005年度全国十大考古发现"和"第六批全国重点文物保护单位"。

2016年11月，渭南市澄城县刘家洼村西北发现有墓葬被盗。之后，由陕西省考古研究院、渭南市博物馆和澄城县文体广电局联合组队进行勘探和抢救性发掘，发现刘家洼遗址范围约3平方千米，是以自然冲沟和人工壕沟相连组成的一个大型封闭遗址。在遗址东区中部，调查和勘探发现有一面积10余万平方米的城址。城址内采集到春秋陶器残片，还有一块陶范残块。勘探有大量灰坑和板瓦等建材堆积，属重要建筑所在，应是高等级人群居住区。已确认的墓地4处共210余座墓葬，其中带墓道的"中"字型大墓2座。其中一座大墓椁室东北角建鼓铜柱套上刻铭"芮公"作器，下压的1件铜戈上也有"芮行人"铭文。考古人员据此判断，大墓墓主应当是春秋早中期的一代芮国国君。2019年1月，经过连续2年全面系统的调查与勘探，考古人员重点发掘了包括周代诸侯大墓在内的两处墓地，取得了一系列重要收获，认定刘家洼遗址为芮国后期的又一处都邑遗址，填补了芮国后期历史的空白。同时，刘家洼遗址也提供了周王室大臣采邑（地）向东周诸侯国发展演变的典型案例。不同文化传统、族系背景的居民共同使用同一墓地的现象，揭示了芮国后期民族、文化融合的真实图景，呈现出地缘国家的基本特征，是研究周代社会组织、人群结构的重要材料。另外，大墓出土的乐器组合，为中国音乐考古的研究提供了重要资料，出土的三栏木床遗存将我国使用床榻的历史提前到春秋早期。2019年，刘家洼遗址先后入选"2018年度全国十大考古新发现"

◎ 澄城刘家洼芮国墓地现场

和"第八批全国重点文物保护单位名单"。

刘家洼遗址所处的这个芮国都邑和梁带村究竟有什么关系？有考古学者认为，两地都是芮国都邑，但时间有早晚，芮国可能发生了一次内乱，新国君把都邑从梁带村迁到了刘家洼，两地的时间刚好能衔接上。芮国所创造的文化清晰可见，但想要完全还原古芮国的历史，依旧矛盾重重，唯有等待更多的考古发现为我们揭开其神秘的面纱。

提到渭南的古方国，就不得不提郑国和郑桓公。郑桓公（？—前771），是西周末年周厉王少子，周宣王异母弟。姬姓，郑氏，名友，故又称姬友、郑友或郑伯友，任周朝司徒，受封于郑（今渭南市华州区东），是春秋时期郑国的第一代国君，史称郑桓公。郑国在关中东部立国40余年，郑桓公不畏重重困难，励精图治，廉政爱民，常去民间访查，解民疾苦。内修政务，外结盟好，很快稳定了郑国大局。司马迁对他的评价是"百姓皆便爱之"。纵观郑桓公的一生，其经历受封郑国、担任司徒、迁国徙民、死于国难等几大历史事件。在这些事件中，郑桓公都可谓是功勋卓著、万民拥护的，在周代是极有影响的深谋远虑的政治家。

《史记·郑世家》载："郑桓公友者，周厉王少子而宣王庶弟也。宣王立二十二年，友初封于郑。封三十三岁，百姓皆便爱之。幽王以为司徒，其和集周民，周民皆说，河雒之间，人便思之。为司徒一岁，幽王以褒后故，王室治多邪，诸侯或畔之。"诗经《小序》以为《缁衣》"美桓公武公也。父子并为周司徒，善于其职，国人宜之，故美其德，以明有国善善之功焉（以表明他们对国家多多莫大之功劳）"。《郑笺》曰："父谓武公父桓公也。司徒之职，掌十二教（掌管西周十二方面对国民的教育）。善善者，治之有功也。郑国之人皆谓桓公、武公居司徒之官正得其宜。"《诗经·郑风·缁衣》篇，据《诗序》说，这首诗是赞美郑桓公、郑武公父子的。他们父子都当过周王朝的司徒，非常称职，深得郑国人民爱戴。

郑桓公建立郑国之后，将郑国举国东迁。郑桓公不仅是郑国东迁的提出者规划者，而且是郑国东迁的奋勇执行者。他在世的时候，早已拿下了郐国一带大片的土地。由于商人的拥护和实行商贸立国的政策，使郑国成为春秋时期商业最兴盛的国家。历经郑桓公、郑武公、郑庄公三位开国君主的经营，使郑国成为春秋时期第一个强势起来的诸侯国，并称霸中原。和其他的大诸侯国相比，郑国国土并不大，历史并不长，然而能够称霸中原。再加上桓公、武公、庄公都在西周或东周担任司徒之职。因此郑国的地位在东周初年可谓举足轻重，为其后400年的基业奠定了坚实的基础。

郑桓公墓，位于今渭南华州区西关螺钉厂后院中西侧，郑桓公墓地原有三间郑桓公祠及一座功坊，后被多次损毁以及修葺。中华人民共和国成立后，郑桓公墓得到妥善保护。1957年5月，郑桓公墓被列为陕西省文物保护单位。1988年，华县文管会与螺钉厂将残留土冢四周用砖砌封，顶部用水泥抹盖。2007年，当地政府拨专款重新进行维修，郑桓公墓从而得到更好的保护。

◎ 郑桓公墓

◎ 郑桓公陵园

## 四、诸侯争霸古战场

春秋战国时期，秦国与晋国、魏国先后争夺河西地区，交战频繁。从前645年秦晋韩原大战始，至前328年魏献少梁城及上郡15县止，317年间，大小战役不计其数，其中最为著名的战役有韩原之战、彭衙之战、少梁之战、阴晋之战、洛阴之战等。最终河西地区为秦国所有。

魏国，是三家分晋后建立的诸侯国，建都安邑（今山西夏县西北）。自魏文侯执政以来，任用李悝、吴起等一批贤臣、名将，致力于国家与军队的改革，使国家日益富强。吴起在魏国推行征兵制，选练了一支精锐的军队。其"武卒"能全副武装，带3天的粮食"日中而趋百里"（《荀子·议兵》），魏国欲向西发展，夺取秦国东部河西之地。

秦国是西部诸侯国，都泾阳（今陕西泾阳西北），春秋四强之一，然而到战国初，因内部权力之争，频繁更换君王，世族封君太强，不能形成强有力的统治，亦未完成社会变革，虽有东进之意，但军事实力弱于魏国。

韩原之战发生在周襄王七年（前645），这场战争拉开了秦晋河西争夺战的序幕。前647年，晋国发生饥荒，求助于秦国。秦国不念旧恶，卖给晋国大批粮食。前646年，秦国发生饥荒，向晋国求粮，却遭晋国拒绝。以上事件使秦、晋之间的怨恨加深。前645年秦穆公率军攻打晋国，两国军队在韩原（今渭南韩城市西南龙亭原）展开大战，晋军兵败，晋国国君晋惠公被俘。晋割让其河西之地予秦，秦释放惠公归国，晋惠公使太子圉入秦为质。这次秦晋之战，理在秦师一边。秦军士气高，将帅一心，志在必得。而晋军由于理屈，士气不高，处于应付被动的局面。特别是军内意见不一致，有的将军有二心，导致了全局性的失败。据《韩城市文物志》，考古工作者在龙亭原地表土层中发现了不少戈、矛、戟、镞等青铜兵器，可作战争之实物例证。

◎ 春秋战国铜镞

彭衙之战,周襄王二十七年(前625),秦将孟明视向穆公请求兴师伐晋,以雪崤山战败之耻(崤山,在今渭南潼关县东,周襄王二十六年春,秦国侵晋,大败于此),秦穆公壮其志,并命孟明视领兵攻晋。晋襄公率军迎战。两军遇于彭衙(今渭南市白水县东北),双方列阵后,被秦罢免归晋的将军狼瞫,率200余人首先冲入秦阵,杀的秦军阵脚大乱。晋军主力随之发起攻击。秦军大败,秦将狼瞫战死。同年冬,为进一步遏制秦国势力东进,以巩固晋国霸主地位,晋襄公命大夫先且居率军联合宋、陈、郑军再度攻秦,相继攻克秦邑汪(今渭南市澄城县西)及彭衙后撤兵。周襄王二十八年(前624),秦国伐晋,攻占晋国王官邑(在今渭南市澄城县,一说在今山西闻喜县南),获得大胜。晋襄公十分恼恨,准备伐秦予以报复。周襄王二十九(前623)年五月,孟明视集卒搜乘,训练已精,请求穆公亲往督战,并说:"若今不能雪耻,誓不生还!"穆公说:"我已经三次看到秦败了,若再无战功,我也无面目返回秦国。"乃选车五百乘,择日兴师,过了黄河就焚舟,一鼓胜之。晋国采取"四境坚守,不与秦战"的对策,秦所到之处,无一兵一卒应战。乃二渡蒲津(今山西永济西蒲州)至东崤,收敛崤之战中战死士兵的尸骨,发丧葬之,宰牛杀马,大陈祭享哭之三日,穆公素服,哀恸至极。汪及彭衙二邑百姓闻穆公伐晋得胜,哄然相聚,赶走晋国守将,复归秦国。秦穆公班师,以孟明视为亚卿。同年秋,晋襄公亲率大军伐秦,围攻秦国东部边邑新城(今澄城县新庄村)和邧(今澄城县元里村),以报王官之仇。秦军顽强抵抗,使晋军无懈可击。晋军久攻二城不克,士气低落,只好撤退。秦军乘胜追击,将晋军驱逐出境,夺得了这次大战的胜利。

前453年,韩、赵、魏三家分晋;前377年,韩、赵、魏灭晋侯,三分其地,晋亡。魏国分得今山西西南部原来晋国的主要区域,后国都迁到大梁(今河南开封)。周威烈王七年至十八年(前419—前408),魏国发动了攻占秦河西之地的战争。

少梁之战，周威烈王八年（前418），魏文侯令公子击率军攻打少梁（今渭南韩城市南）。夺城后，魏军加紧修复城池。秦灵公闻讯，即速派军进击少梁，但因魏军早有准备，秦军无功而退。次年，秦军再次组织进攻，仍未能击退魏军。秦军为阻止少梁魏军向外扩展，在少梁附近濒临黄河处修筑了繁庞城（今韩城市东南）及其他防御工事，使魏军保住了少梁这块基地。周威烈王十三年（前413），魏在少梁立足已稳后，为打破秦军对少梁的封锁性防御，避开秦军主要防御方向，从南路出发，由河曲（今山西风陵渡黄河转弯处）渡过黄河，沿渭水南岸向秦军迅速组织进攻，双方在郑（今渭南市华州区）附近交战。魏军经过充分准备，集中优势兵力，出其不意、攻其无备，使秦军仓促应战，被动挨打，魏军获得大胜。周威烈王十四年（前412），驻少梁魏军在公子击的率领下进攻紧靠少梁的秦军事据点繁庞。经短期围攻，城破。魏军将城中秦民驱逐出境，兼并了该城土地，并在城中留兵驻守，与少梁连成一片。至此，魏军北线进攻获得全胜。

◎ 秦封泥一组

包括衙丞之印、白水之苑、重泉丞印、临晋丞印、宁秦丞印、下邽丞印、频阳丞印、襄德丞印8件，参《渭南市志（一）》第83~89页图。

> 春秋战国时期，秦国与晋国、魏国先后争夺河西地区（今渭南市），争相设县筑城以加强对占领区的管理。前687年，秦设郑县（今渭南市华州区华州镇附近），为全国最早设立的县之一。此后，秦、魏前后设置频阳县、宁秦县、下邽县、临晋县、重泉县、合阳县、白水县等，筑建庞城、籍姑、武城、少梁、元里、洛阴等城邑。至前330年，势力逐渐强大的秦国尽有河西地区。今考古发现有少梁城遗址、王官城遗址、阴晋城遗址、宁秦县城遗址等。

阴晋之战发生于周安王十三年（前389），阴晋在今渭南市华阴东。魏国逐步攻克全部河西之地后，设置了西河郡（辖今黄河以西、洛河以东、华阴以北、黄龙以南的地区），任用吴起为郡守。秦国失去了河西战略要地，其安全受到严重威胁。经过数年的准备，于周安王元年（前401）开始进攻魏国，周安王九年与魏国战于汪，周安王十二年（前390）又战于武城，企图夺回河西要地。周安王十三年，秦国再次调集50万大军，浩浩荡荡进攻魏国重要城邑阴晋，魏国形势十分危急。吴起向魏军发布命令说：诸吏士都应当跟我一起去同敌作战，无论车兵、骑兵和步兵，"若车不得车，骑不得骑，徒不得徒，虽破军皆无功"（《吴子·励士》）。然后，吴起率领魏军在阴晋向秦军发起反击。魏军人数虽少，却个个奋勇杀敌，以一当十。魏军经反复冲杀，将50万秦军打得大败，取得了辉煌战果。此战，魏军虽面对强大的秦军，但吴起通过激励的方法极大地提高了魏军士气，显著地增强了战斗力，并以少数精兵击败了10倍于己的秦军，保卫了河西战略要地，有效地遏制

◎ 战国铜矛
矛长24.2厘米，叶长7厘米，骸长19.7厘米

了秦军东进的势头。这场战役也是中国古代战争史上以少胜多的著名战役。

后来，由于魏国在桂陵之战（前353）、马陵之战（前341）中连续被齐国打败，军事实力遭受重创，魏国国力大大衰弱，从此再也无力独自阻止秦国向东的扩张。前340年，秦国大军乘机进攻河西之地，大败魏军，诱俘魏主将公子印。在这之后的10年中，秦国不断蚕食河西之地。前330年，秦国消灭河西之地的数万魏军，迫使魏国将河西郡归还给了秦国。经此一战，魏国元气大伤，失去霸主地位，秦国则经过商鞅变法，增强了国力，又革新了军队，拥有了出关夺取天下的实力，而魏国的衰落则减小了秦国东出的难度。从此，山东六国便暴露在秦国的铁拳之下。

秦国收复河西地区之后并未因此停止攻魏。前329年，秦两路出兵，北路以河西为基地，渡河攻魏河东，占领汾阴（今山西省万荣县西）、皮氏（今山西省河津县西）；南路以阴晋（今陕西省华阴县东）为基地，沿黄河南岸原桃林塞通道，攻占曲沃（今河南省三门峡市西南）及焦（今河南省三门峡市西），直抵魏崤山长城。次年，秦军继续攻河东，又占蒲阳（今山西省隰县）。魏求和，将上郡15县全部献秦，黄河以西全为秦有。秦亦将曲沃及焦归还魏国，不久又攻占陕城。至此，秦完全掌握了黄河天险，控制了东进中原的要道，战略上居于优势地位，统一六国的条件基本成熟。

战国时代是一个风云变幻、兵戈扰攘的时代。在这样的时代背景下，纵横家以谋略干预列国的外交甚至于政治。"帝王用人，度世授才，争夺之时，以策略为先，分定之后，以忠义为首。"公孙衍便是战国时期纵横学派的代表人物之一。公孙衍（生卒年不详），号犀首，战国时魏国阴晋（今华阴市东北）人。初仕秦，为秦大良造（最高军政长官）；后仕魏，为魏相。前318年倡议发起魏、赵、韩、燕、楚"五国伐秦"，但函谷关一战五国联军被秦军击退。此役虽败，但公孙衍却因此声名烜赫于天下。两年之后，又亲率秦军攻魏于雕阴（今陕西甘泉县南）。魏惠王派大将龙贾领兵8万余人迎战。经过激烈战斗，魏军大败，伤亡4.5万人，魏将龙贾被俘。这是秦收复河西决定性的一仗。此后魏不得不尽割河西之地于秦。《史记·犀首传》载："犀首者，魏之阴晋人也，名衍，姓公孙氏。"那么犀首是什么呢？据刘向《别录》中记载："犀首，大梁官名，公孙衍尝为是官，因号犀首，盖以官号也。"由此可知犀首，乃是魏官名，公孙衍曾经做过此官，所以以此称呼他。《七国考》："司马彪曰：'犀首，官名，若今虎牙将军。'"

◎ 战国青铜甗（yǎn）
底径12厘米，高20厘米

公孙衍在周慎靓王三年（前318），发动了"五国伐秦"，《史记·张仪列传》和《吕氏春秋·开春》高诱注都说公孙衍"尝佩五国之相印"，指的就是这件事情。这一次参加合纵攻秦的有魏、赵、韩、燕、楚五国。公孙衍的主要支持者是赵武灵王。但这次合纵因各国的利害关系不同，步调不一致，初战攻到函谷关不胜而回。以后楚、燕两国实际没有参战，只有韩、赵、魏三国和秦交战。前317年，秦派庶长樗里疾率兵与韩赵魏在修鱼作战，把三国联军打的大败。公孙衍合纵抗秦在正面战场上虽然失败了，但秦国却受到西面游牧部族义渠的袭击，这也是公孙衍的计策。在五国攻秦前义渠君朝魏，公孙衍对他说，秦和中原诸侯不打仗，一定会焚烧抢掠您的国家，一旦和中原打起来，反而会派使臣送许多礼物去安抚您。不久五国伐齐。秦王果然"以文绣千匹，好女百人"送给义渠君。义渠君对群臣说："此乃公孙衍所谓也！""因起兵袭秦，大败秦人于李帛之下。"这一重创，使秦国不得不一度把战略重心转向扩充后方，暂时减缓了东进的步伐。公孙衍的才能，让孟子的弟子景春也禁不住赞叹："公孙衍、张仪岂不诚大丈夫哉！一怒而诸侯惧，安居而天下息。"

**五、御秦工程魏长城**

周安王十九年（前383）发生的两件事，在魏国和秦国的此消彼长中有十分重要的影响。一件是魏西河郡守吴起受排挤离开西河出走楚国，另一件是秦献公按战时需要筑栎阳城（今西安市阎良区武屯镇古城村南），并自雍城（今宝鸡市凤翔县城南）迁都于此。此后10余年间，魏国忙于东部战争，在西部基本处于守势。秦国则忙于内部实施"止从死""初行为市""为户籍相伍"等重大政策改革，也无暇东顾。直到秦献公十九年（前366），积聚了一定实力的秦国开始向魏国挑战，先后取得了洛阴、石门两战的胜利。随后，秦军又向魏国的军事重镇少梁（今韩城市南）发起进攻。秦献公二十三年（前372），秦军大败魏师于少梁，俘虏了魏将公叔痤，并一举攻取魏繁庞城（今韩城市东南）。这时的魏军已远非昔日可比，魏守将龙贾只得采取消极防御战略，筑魏长城以御秦。

昔日魏长城的雄姿历经2300多年的风雨已经不复存在，但从历史典籍和现存遗址中仍然可以领略它的概貌。《竹书纪年》载："显王十年（前359），龙贾帅师筑长城于西边。"《史记·秦本纪》："魏筑长城，自郑滨洛以北有上郡。"1959年，中国社会科学院考古研究所陕西工作队对华阴、大荔段魏长城遗址进行勘查钻探，证实魏长城由多次夯筑而成。1980年，陕西省文物局对渭南市境内的魏长城遗址进行了全面考察，摸清了长城遗址的现状。长城南起华阴市华山北朝元洞东南150米处，向北延伸，东临长润河，经南洞村、北洞村、红岩村、王家河、党家河、河湾子、西关堡、风箱城，北抵渭河。过滑河向西北穿过沙苑地区，过洛河经大荔县党川村、党家窑、东高垣村直至长城村。继而沿洛河东岸北上，在黄龙山南麓的白水县境内折而向东，顺黄龙山、射公山、梁山东行。经白水县史官镇孔走河村北，入澄城县境经董家窑、柳泉、翟尚、关则口、成和西庄，再从合阳县皇甫庄镇邓家村西大浴河东坡入合阳境，经桥儿河、雷家寨、百家寨、河西坡，越金水至黑镇村东，经甘井镇西牛庄、上富家、西城后、东城后、贡家坡、安家头、赵家岭、后岭，越孟家村东沟至杨家庄乡东杜源，再经杨家河越太西沟至木昌、木坪、沿木坪沟南岸东入韩城市境内。经阿池村、城后村、司马庄、论功村、马陵庄、城南村直抵黄河西岸。魏长城遗址总长300多千米，横穿渭南6个县市，地面现存清晰可见处50余千米，最宽处达21.6米，最高处有18米。魏长城均夯土板筑，夯层厚5至12厘米，夯径5厘米左右，夯窝呈圆形，窝深0.5厘米左右。魏长城依地形地貌而建，遇地形险峻处，錾崖立壁，增而高之，无险可据处则平地筑墙造设壁垒。现存遗址中，华阴市河湾子村遗留一墩台长、宽各37米，高14米，蔚为壮观。韩城市论功村至城南村段有内城与外城，与其他地方建筑布局不同，旨在要隘的加固。

魏长城这条横卧在魏国边防线上的巨龙在阻挡秦国东扩中确实发挥过一定的作用。魏筑长城之后10多年间，魏国与秦国时谈时战。魏惠王十五年(前356)，秦孝公与魏惠王会于杜平(今澄城县东)。次年，秦乘魏攻赵，大败魏师于元里(今澄城县东南)。4年后，魏攻秦，迫秦孝公与魏惠王修好于彤(今渭南市华州区瓜坡镇故城村)。秦当时之所以能大举东进，与魏依长城坚守有很大关系。但是，秦孝公励精图治，任用商鞅进行变法，实行什伍连坐之法和民户分异制度，制定按军功大小给予爵位等级的二十等爵制，奖励耕织，发展生产，使秦国逐步发展强大起来。秦孝公二十二年(前341)，商鞅诱俘魏公子卬，迫使魏献部分河西之地于秦。秦惠文王八年（前330），秦大良造公孙衍大败魏军，擒魏将龙贾，魏尽献河西之地于秦。至此，魏长城成为秦国的内城，其御敌功能便不复存在。

魏长城遗址有较高的研究价值，它是研究战国时期政治、经济、军事、文化的可靠资料和凭证。这一浩大工程，距今已有2300多年的历史，它比现在人们常说的万里长城还要早140多年。1992年4月，魏长城遗址被列为陕西省文物保护单位。1996年11月，其中的华阴、韩城、大荔段，被国务院公布为全国重点文物保护单位。2019年10月，其他各段也被合并公布为全国重点文物保护单位。

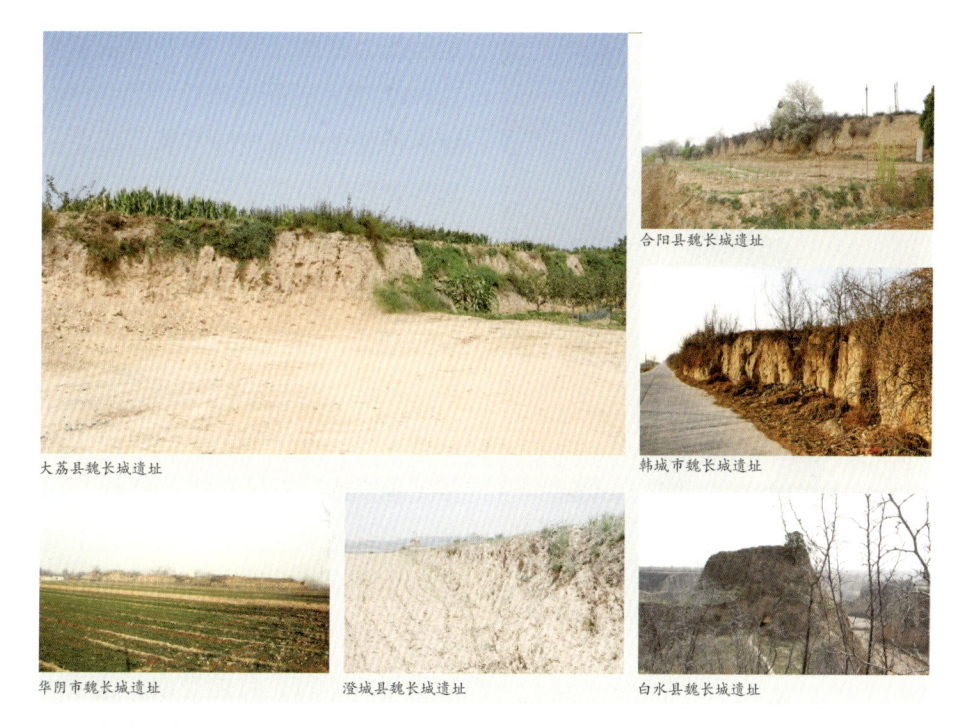

大荔县魏长城遗址　合阳县魏长城遗址　韩城市魏长城遗址
华阴市魏长城遗址　澄城县魏长城遗址　白水县魏长城遗址

◎ 渭南境内各县魏长城遗址

## 六、王翦父子助统一

王翦，战国时秦频阳县东乡（今渭南市富平县美原镇千口村）人；王贲，王翦之子，父子都是秦国名将。王翦、王贲均精通兵法，深得秦王嬴政信任，先后用为大将军。秦平六国，王翦父子灭其五（赵、燕、魏、楚、齐），功高盖世。前219年，秦始皇东巡在琅琊刻石记功，王翦名列榜首。王翦父子以其卓越的军事才能和卓著功勋被载入史册。

秦王政六年（前241），韩、赵、魏、燕、楚五国联合，推楚国为首，杀向秦国函谷关。秦派王翦等五员大将各带兵五万，分头迎击。王翦决定首

◎ 明人绘王翦彩像

先消灭为首的楚军，使五国联军无首自溃。楚军首领知道后，大惊失色，顾不得通知其他四国军队，连夜撤兵。其余四国军队听说楚军已逃，无心作战。秦国五路人马合为一军，向联军冲锋，四国军队不战自逃。秦王政十一年（前236），王翦率军攻打赵国，一举拿下瘀与、橑阳、邺和安阳等9个城邑。秦王政十八年（前229），秦发兵三路攻打赵国，合计达数十万人。王翦率上党兵直下井陉，赵国派李牧、司马尚迎战。王翦对李牧的善战早有所闻，知道硬攻不行，只能智取，他采用了离间计，使赵王对二人产生怀疑，李牧被杀。于是，王翦率秦军猛烈进攻，大败赵军，攻克赵都，俘虏了赵王。赵公子嘉率数百人逃奔代郡，自立为代王，与燕军联合。王翦则兵临易水，驻军中山，形成攻燕之势。秦王政二十年（前227），秦王派王翦、辛胜向燕国发动进攻。燕军和代军联合起来抗击秦军，在易水的西岸被王翦的军队彻底打败。次年，秦王给王翦派去更多的士兵，王翦率军乘胜进击，大败燕太子军，攻克燕都，迫使燕王杀太子丹献于秦。燕王则退守辽东以自保。这时，王翦之子王贲在南部攻楚也捷报频传，连下楚10余城。

秦王政二十二年（前225），秦国同时开辟了两个战场。在东部战场，以王贲为统帅伐魏。王贲率秦军围困魏都大梁（今河南开封），挖大沟引黄河之水灌之，历时3个月，魏大梁城被水泡塌，魏王献城投降，魏国灭亡。南征伐楚是主战场，秦王开始未听王翦建议，选择李信为帅，王翦称病还乡。开始李信还比较顺利，可最后被楚军名将项燕连斩7员大将，大败。秦王闻讯深感自己用人不当，立即从咸阳赶往频阳（今渭南市富平县），当面向王翦致歉，并尽征士兵60万，交给王翦指挥，亲自送王翦大军出征。王翦大军进入楚国，楚将项燕也动员了楚国全部军队全力抵抗。王翦汲取了李信的教训，采取坚壁疲敌的战术，在平舆一线就地为营，筑起军垒，坚壁而守。两军对峙，楚军多次挑战，秦军毫不理睬。王翦让士兵整天饱食善养，并亲自与士兵同食习武。时间长了项燕就有些疲惫松懈，引兵向东撤退。王翦抓住战机，率领秦军趁势穷追猛打，大败楚军，项燕自杀。王翦一鼓作气横扫楚国许多城邑，于秦王政二十四年（前223）攻下楚国都城，俘虏楚王。后又深入江南征服越郡，使楚国彻底灭亡。

王翦灭楚次年，秦王政二十四年，王贲又远征辽东，彻底消灭燕国的残余，俘虏燕王喜；在回师途中，顺手攻占了赵国仅存的代郡，俘虏了赵公子嘉；秦王政二十五年（前222），又挥师南下，直捣齐国都城临淄，齐王宣布投降。至此，秦国统一六国。

王翦父子南征北战，助秦王平定天下，攻破或攻灭五国，功高盖世。

◎ 战国铜弩机、青铜剑

秦王称帝后，没有忘记他们的功绩，破例封王翦为武城侯，封王贲为通武侯。王翦卒年约在秦二世即位（前209）之前2年，终年67岁。其墓在今富平县到贤镇纪贤村永和堡北，高约9米，周长140多米。1956年8月，王翦墓被公布为第一批陕西省重点文物保护单位。王贲墓，位于陕西省富平县美原镇千口村千王堡北。2003年9月，被公布为第四批陕西省重点文物保护单位。

◎ 王翦墓　　　　　　　　　　　　◎ 王贲墓

## 叁

### 京畿重地 汉家粮仓

秦汉时期的渭南

# 第三章 京畿重地 汉家粮仓——秦汉时期的渭南

秦王嬴政建立起中国历史上第一个统一的多民族中央集权的封建帝国，汉王朝开创了中国封建社会的第一个盛世。秦都咸阳，汉都长安，渭南均属京畿地区，交通便利，农业发达，既是守护京师的坚盾，也是帝都丰满的粮仓，有着重要的战略地位和经济地位。秦时，渭南地域都属内史管辖。汉代，渭水以北的渭南各县属左冯翊，渭水以南的渭南各县属京兆尹管辖，东汉时今华阴、潼关一带划属弘农郡。秦汉时期的渭南，物产富饶，钟灵毓秀，不仅吸引帝王在此建造离宫别苑，也造就了众多的杰出历史人物，从秦代的程邈到西汉的司马迁，再到东汉的杨震，等等。在这里，流存至今的古迹与传颂不断的故事，向人们述说着渭南曾经的辉煌。

## 一、水陆要冲连东西

渭南是八百里秦川最宽阔的地带，自古以来陆路和水路交通都较发达，素有"三秦要道，八省通衢"之称。

据《史记·夏本纪》载，禹在十三年的治水过程中，开通了九州的陆路和水路，其中在雍州（今陕西、山西、甘肃各一部分）和梁州（今陕西南部及四川）等地域"陆行乘车、水行乘舟、泥行乘橇、山行乘輂"，说明舟船和车辆已成为渭南水路和陆路交通的运输工具，同时也引起道路的变革。商代末，开通了周原（今陕西扶风、岐山一带）至芮（今大荔县朝邑镇一带）的干道。西周时期，以宗周（即西周王都所在的丰京和镐京地区）为中心，行驶车辆的道路通达各诸侯国，"道直如矢，列树以表道"。

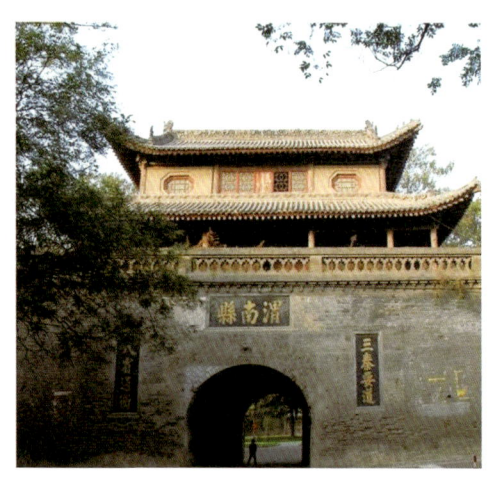

◎ 渭南鼓楼遗址
2008年9月被公布为陕西省文物保护单位

秦始皇统一六国后，下令修筑了以都城咸阳为中心的6条干道（"驰道"和"直道"），途经今渭南境内的有2条：咸阳—函谷道，由咸阳南渡渭水折向东行，经郑县（今华州区）、宁秦（今华阴市）、桃林塞（今潼关县），出函谷关（今河南灵宝市境内）；咸阳—临晋道，由咸阳东出，沿渭水北侧，经高陵、栎阳（今西安市阎良区武屯镇古城村南）、重泉（今蒲城县龙阳镇重泉村）、临晋（今大荔县朝邑镇），渡黄河到河东（今山西省西南部）等地。秦驰道路面坚实，"厚筑其外，隐以金锥"，一般宽度在50米到60米之间，最宽处可达100米，车马可高速行驶。同时，秦始皇在全国实行"车同轨"，规定车轨宽六尺（秦的尺值折今27.65厘米），使车辆可畅行全国。秦代交通不仅通达四方，还建立了一套完整的亭、传制度和传送的方式，境内两条干道都设置了邮亭、传舍，并由地方长官分级管理。西汉时期，拓修了上述干道，"通田作之道，正阡陌之界"。到汉朝中晚期，运输业已从商业中析离出来，成立独立产业。优越的交通条件，大大提升了古代渭南的战略地位。

　　古代黄河、渭河水量充沛，沿河航运通达。黄河渭南段，被称为"小北干流"，指禹门口至潼关的黄河干流段，为陕西省和山西省的界河，历史文献中也称为"西河"，流经今渭南市的韩城、合阳、大荔、潼关4个县（市）。渭河由西而东横贯关中平原，流经今渭南市的临渭、华州、大荔、华阴、潼关5个县（市、区），至潼关港口花园注入黄河。黄河航运、渭河航运，起始很早。《易经·系辞》记载黄帝曾造舟在黄河航行，上面说黄帝"刳木为舟，剡木为楫，舟楫之利，以济不通"。《禹贡》记载了中国最早的水道交通网，全书以相传夏禹都城安邑（今山西夏县西北禹王城）为中心水路航运，渭水—黄河—汾水航线便是早期形成的黄河干、支流结为一体的航运路线。

　　春秋战国时期，经济的发展和大国的兼并战争，对水上交通运输提出了新的要求。春秋时发生的"泛舟之役"，就是一次大规模的水上运输活动。周襄王五年（前647），晋国遭遇严重饥荒，晋惠公派使臣到秦国购买几万斛（1万斛相当于今150吨）粮食，从秦国都城雍（今宝鸡凤翔县），用船载粮沿渭水顺流而下，转入黄河，人力拉纤逆流而上入汾水，再溯汾水、浍水抵达晋国都城绛（今山西新绛县）。由于运粮的数量大，渭水、黄河、汾水的运粮船只络绎不绝,史称"泛舟之役"。这是中国历史上第一次有明确记载的内陆河道水上运输的重大事件,反映了春秋时期渭水、黄河、汾水和浍水的水文及水运航道、工具、规模等情况。

◎ 春秋时期"泛舟之役"示意图

秦汉时期及整个中国古代社会,关中东部渭河和黄河段的航运,一直是关中到中原以及关中到山西之间的一条运输大动脉,对当地政治、经济、文化的发展和民俗民风的形成都起到了巨大作用。除过运输粮食外,宁夏、内蒙古、陕北、晋北等地的煤炭、瓷器、毛皮、药材、食盐等物资通过黄河航运到潼关,一部分由渭河逆流而上,运至关中各地;一部分顺黄河而下,运至河南境内,转陆路运往各地。

古时的渭河,水量大,河道宽,是关中重要的水路运输线,官民航运及军事都受益匪浅。西汉初,朝廷提倡"黄老之治",让人民休养生息,军事与民用的供给量较小，航运量每年不过数十万石，渭河航运尚可满足需要。到汉武帝时，积极推行国内建设和抗击匈奴，粮食和其他物资用量大增，航运压力加重，不得不努力提高航运能力。元光六年（前129），大司农郑当时针对渭河下游弯道多、漕运时间长的实际情况，向汉武帝提出开凿漕渠的建议。他说："异时关东漕粟从渭中上，度六月而罢，而漕水道九百余里，时有难处。引渭穿渠起长安，并南山下，至河三百余里，径，易漕，度可令三月罢；而渠下民田万余顷，又可得以溉田；此损漕省卒，而益肥关中之地，得谷。"（《史记·河渠书》）武帝采纳了郑当时的建议，令水工徐伯测量定线，并征发了数万军民施工，三年时间建成。

◎ 汉代漕渠示意图

漕渠在渭水以南，西起长安，引渭水入昆明池（在今西安市西南），沿途接纳浐水、灞水、酒水以及渭南境内秦岭北麓诸峪之水，沿秦岭山麓傍渭东行，流经今临渭、华州、华阴，直至潼关，注入黄河，全长150余千米，成为当时最大的运河。漕渠的开通，对缩短漕运路线、减少漕运压力、避开砥柱之险，起到了良好的作用。加之当时造船业也很发达，出现了长五丈到十丈、可装五百至七百斛（每斛10斗）的大船，能在漕渠上畅通无阻。运输工效很高，极大地增加了向关中的漕运量，从西汉初"漕转山东粟，以给京师，岁不过数十万石"，到武帝元封年间（前110—前105），"每年漕运量竟达到六百万石。民不益赋而天下用饶"（《史书·平准书》载）。同时，今临渭区、华州区、华阴、潼关等地引渠水灌溉渠下民田数十万亩。后经魏晋南北朝300多年的历史变迁，漕渠遭破坏，日渐干涸，无水而不能使用。隋文帝改漕渠为广通渠。渭南境内岸下部分农田也得以灌溉，时人称"富人渠"。唐代两次扩修，仍称漕渠，为当时的主要运输线。安史之乱后，漕渠逐渐遭到破坏甚而湮废。

渭南境内黄河岸边的古关隘渡口众多，著名的有临晋关、蒲津渡、龙门渡、芝川渡、榆林渡、潼关、风陵渡等。

临晋关，是战国名关，位于今陕西大荔县朝邑镇东古黄河岸边，与蒲坂（今山西永济市蒲州镇）隔河相望。周贞定王八年（前461），秦厉共公灭

◎ 黄河渭南段主要渡口分布示意图

大荔戎国，攻取王城（今陕西大荔县朝邑镇东南），因与晋国相邻，故设临晋县，筑临晋关以拒晋国。周赧王二十五年（前290）秦相魏冉领兵伐魏，魏以河东地四百里献于秦，黄河成了秦国的内河。为便于秦军东进，秦昭襄王于周赧王二十八年（前287）在临晋关黄河上首建浮桥，当时称"河桥"。南北朝时期，东魏丞相高欢曾遣大都督窦泰在临晋关筑城。至唐代，临晋关改为蒲津关。北宋又改蒲津关为大庆关。明代，因黄河改道西移，建新大庆关。1959年国家修建三门峡水库，新大庆关属水库淹没区，当地居民悉数外迁，关亦废弃，今已不存。

芝川渡，又名"少梁渡""夏阳渡"，位于今韩城市芝川镇东。汉高祖二年（前205）八月，韩信率军从关中出发东袭魏王豹，表面上布兵临晋，暗上夏阳（今韩城市芝川镇一带），制作大批"木罂"为船，偷渡黄河，直捣魏重镇安邑（今山西夏县西北）。魏豹献城降汉，举家被俘。因此，芝川渡也被称为"木罂渡"或"淮阴渡"。此后，一直为晋陕两省水上交通要道。

风陵渡渡口，位于潼关古城北门与东门外的黄河上，当地人称为"东关渡口"，自古为秦晋交通要塞，战国时期建渡，以后长盛不衰，两岸为自然码头。因地处秦岭、中条山之间，山河夹峙，形成葫芦口，东西来风经此夹道聚而加速，凌厉而过，故有"风凌"之说。另有一种得名来历，传说渡口附近有一块沙洲，中有女娲墓，女娲为风姓，故名"风陵"。西汉时，风陵渡是黄河、渭水和漕渠三流水运的枢纽。汉高祖元年（前206），在此设船司空，专管水运与船库事宜，后改设为船司空县，可见黄、渭航运在当时的重要地位和作用。

## 二、离宫别苑似仙境

秦汉时期的渭南，作为京畿地区，地貌多样，气候宜人，风景如画。秦汉两朝帝王均在此广建离宫别苑，著名的有步高宫、步寿宫、良周宫、扶荔宫、集灵宫、莲勺宫等。秦始皇喜大，今渭南步高宫遗址即为其中一处典型的大型宫殿遗存；汉武帝好仙，渭南的扶荔宫即为典型代表，扶荔宫以宫中广植荔枝而得名，另外还植有甘蔗、香蕉、龙眼、橄榄、槟榔等，这些奇果异木在汉武帝心目中可谓仙域奇葩。

**秦步高宫遗址** 据《水经注》载："酒水出石楼山（即今石鼓山），北流经步高宫东……流步寿宫西。"详其义，步高宫在酒河之西，而步寿宫则在酒河之东。秦步高宫遗址，位于渭南市临渭区阳郭镇张胡村东北500米处的酒河西岸黄土台塬前缘。遗址内开阔平整，平面略呈正方形，边长约200米，面积约4万平方米。其中心区域有一夯土台基，长约100米，宽约80米，残高0.5至1米，夯层厚6厘米。遗址内曾发现大量陶水管道、

◎ 步高宫遗址

葵纹瓦当、龙凤纹空心砖、绳纹板瓦、筒瓦等。据《元和郡县图志》卷一京兆府渭南县："秦步高宫，在县西南二十里。"该宫殿遗址对研究和考证秦宫殿选址、分布及社会经济、文化等有重要的价值。2011年8月，该遗址被公布为渭南市临渭区重点文物保护单位。

◎ 崇宁宫遗址

**秦步寿宫遗址** 有的学者根据《水经注》的记载，推测步寿宫地望与渭南崇宁宫遗址基本相合。崇宁宫遗址位于渭南市临渭区崇凝镇靳尚村南200米处的湭河东岸，属战国至秦代的遗址。遗址平面呈不规则长方形，面积约16万平方米，现存夯土台基长约50米，残高0.8至1.5米，夯层厚5

至6厘米，夯窝径6至8厘米。在田坎断面暴露有排水管道及陶窑遗迹。遗址内采集有绳纹板瓦、筒瓦、云纹瓦当和几何纹、龙纹空心砖，方形铺地砖、陶水管道残片。1988年出土铜戈、铜镞等兵器多件。1992年4月，该遗址被公布为陕西省重点文物保护单位。也有学者认为，步寿宫当在神川原上，即今东张、西张、蒋家一带，与崇宁宫不是同一处宫殿，有待进一步研究考证。

**秦汉良周遗址** 位于渭南市澄城县王庄镇良周村北，是一处秦汉时期的大型宫殿建筑遗址，东西长约1000米，南北宽约800米，总面积约80万平方米。遗址区西北有高耸的壶梯山，东北有宏伟险峻的社公山，属黄龙山脉与洛水之间的山前冲积扇形黄土台塬，地势开阔、较为平坦。遗址东、西、北三面各有一条沟，应该是护城壕，在沟边土层下还发现了古代驿道路面。出土和采集有大量石柱础、玉璧纹或菱形纹空心砖、斜线纹方砖、板瓦、筒瓦、文字瓦当等。其中卵状散水砖、柿蒂纹瓦当和未见记载的"貌宫"瓦当，在陕

◎ 良周遗址出土隶书"宫"字瓦当和篆书"与天无极""千秋万岁"瓦当

西均属首见。遗址出土的篆书"与天无极""千秋万岁"瓦当和隶书"宫"字瓦当，为我国古代书法的珍贵遗存。据考证，该遗址大约始建于战国末期的秦国，是秦始皇在关中东部的重要行宫之一，此遗址距魏长城遗址只有约6000米。该遗址的发现对研究秦汉时期的政治、军事、建筑、交通等有重要价值。2001年7月，该遗址被国务院公布为全国重点文物保护单位。现今，良周秦汉宫遗址已开发建设为国家AAA级景区。

◎ 夏阳扶荔宫方砖

1957年采集于扶荔宫遗址，灰陶，质地细腻而坚硬，32厘米见方，厚4厘米，正面刻有四行阳文篆书"夏阳扶荔宫令壁与天地无极"12个字，字体浑厚遒劲，布局疏密有致。它的发现为确定扶荔宫在汉代左冯翊夏阳县的具体位置提供了重要依据

**汉夏阳扶荔宫遗址**　位于渭南韩城市芝川镇芝川村东南（夏阳故城以东约1200米）一高台上，平面略呈长方形，东西宽约200米，南北长约300米。现存夯土建筑基址1处，夯层厚9厘米。采集到方砖、绳纹筒瓦、板瓦、陶水管道及半圆形、圆形瓦当等。方砖刻有"夏阳扶荔宫令壁与天地无极"12个阳文篆字，瓦当有"宫""千秋万代""与天无极""居室"等字样。

据史料记载，汉武帝元鼎四年（前113）冬十月，"行至夏阳，东幸汾阴"，之后武帝、宣帝、元帝、成帝、哀帝等15次"至河东，祠后土"，故在夏阳建造行宫。夏阳扶荔宫遗址的发现，为确定夏阳故城、夏阳古渡的具体位置提供了重要的佐证。2003年9月，扶荔宫遗址被公布为陕西省重点文物保护单位。

**汉集灵宫遗址** 位于渭南华阴市罗夫河东桥营村南。汉武帝元光初年（前134—前132）所建。《汉书·地理志》记述："集灵宫，武帝起，莽曰华坛也。"《集古录·汉华山庙碑文》也记述，"孝武帝修封禅之礼，巡省五岳，立宫其下。宫曰集灵，殿曰存仙，门曰望仙"。并且还记述说，直至西汉中宗刘询时，还派遣使者前往，一年四次祭祀岳神，其中祝告祈福一次，牲礼祭祀三次，由此可见汉时对华山神的礼拜之勤，礼仪之隆了。在集灵宫遗址曾出土过"与华无极""与华相宜""千秋万岁"等瓦当。

**汉"华苑"遗址** 在华山脚下王道村和纺车村一带曾出土瓦当、"万"字不断头方砖等物品。从出土的"华苑"两字瓦当推测此处或为汉代帝王狩猎场所或行宫。1996年当地农民取土时发现大量瓦当，主要是"与华无极""与华相宜""长生无极""千秋万岁""延寿万岁""传富昌当""华苑"及云纹瓦当。这些瓦当直径在14至18厘米之间，其中"与华无极""与华相宜"之版多达百数之多。

## 三、删繁就简创隶书

今渭南市主城区有一条宽敞、亮丽的南北向街道叫"仓程路"。此名称中包含了中国文字史上的两位渭南籍重要人物，其中"仓"指中国文字始祖仓颉，而"程"是指隶书鼻祖、秦代文字改革家程邈。程邈（生卒年不详），字元岑，秦下邽县（今渭南市临渭区）人。他是秦朝的一个小官，曾当过县狱吏，负责文书一类的差事。他性情耿直，因无意间得罪了秦始皇，被关进了云阳狱中。他在监狱中除从事劳役之外，把流传在民间的各种书体搜集在一起，潜心钻研字体结构，一个一个加以改进，把大小篆的圆转改变为方折，同时删繁就简，去粗取精，经过加工整理，10年后，终于创造出书写便利又易于辨认的3000多个新型文字。程邈找机会托人将这些新型文字呈献给秦始皇。始皇见后，大为赞赏，不仅赦其罪，还封程邈为御史，批准将这批文字先在"隶人"（即"胥吏"，指掌管文书的小官吏，时称"隶人"）中使用。于是，由程邈这位"隶人"整理而成并先在"隶人"中使用的书体就被称为"隶书"。

秦隶的出现，是我国文字史及书法史上的一次重大变革。隶书化小篆的圆转为方折，形体、笔画有许多俭省，大大提高了书写效率，因容易辨认，逐渐成为占统治地位的官方书体。中国文字由篆书演变到隶书，是一次重大的进步，史称"隶变"。隶书不仅奠定了现代汉字字形结构的基础，就连古文字的象形意味也消失了。我们知道，从汉字的起源开始，文字最开始是以图画的形式出现的。当发展到隶书的时候，已基本具备了横、竖、撇、捺、点、钩等笔画，文字已经完全脱离了图画，而作为记录人类语言的一种符号而存在。因此，"隶变"标志着汉字从古文字阶段发展到了今文字阶段，影响和促进了行书、楷书、草书等书体的形成及发展。直到如今，隶书仍是一种常用的字体，并作为一种书法艺术而存在。郭沫若认为："秦始皇

◎ 书体演进与隶变改造仿行体简图

改革文字的更大功绩,是在采用了隶书。"

　　隶书自秦代得到官方认可后,再经西汉发展至东汉,渐趋完美、严谨、成熟,尤其在东汉有了大的变化,结构向扁平发展,笔画出现了雄健的波磔,更趋于工整精巧,给人以雄放洒脱、浑厚深沉之感,从而形成了汉代隶书的独特字体,称为"汉隶"或"今隶"。出自渭南的《曹全碑》《华山庙碑》就是"汉隶"的典范。曹全碑,全称汉郃阳令曹全碑,又称曹景完碑,东汉灵帝中平二年(185)十月立,明万历初(1573)出土于合阳县莘里村,清康熙壬子(1672)后断裂缺字,1956年移入西安碑林保存至今。碑高272厘米,宽95厘米,无额,石质坚细,碑身两面均刻有隶书铭文。碑阳20行,满行45字;碑阴分5列,每列字数均不等。碑阳铭文记述郃阳县令曹全的家世及生平。曹全,字景完,敦煌效谷人,生卒年不详,东汉灵帝时举孝廉,任郎中,后升任右扶风槐里令。胞弟夭亡,曹全弃官归家。灵帝光和六年(183)再举孝廉,次年,合阳县民郭家响应黄巾起义,关中时势告急,曹全由酒泉福禄长调任合阳县令,镇压郭家起义,并采取措施缓和阶级矛盾,招抚流亡,存慰高年,抚育鳏寡,出家钱买米面,赈济残疾盲哑。其长女桃斐好制药膏,治愈不少病人。灵帝中平二年(185),门下王敞等人集资刻石记颂曹全的功德。碑阴刻门下故吏姓名及捐资数目。曹全碑不仅具有史料价值,更是汉代隶书的典范性作品。其字体呈扁平状,秀美规整,属汉隶中"婉约"派,将汉隶"蚕头燕尾"的书写特征和内在的含蓄温柔体现得淋漓尽致,被视为现存汉隶中的极品,以及人们学习汉隶的经典范本。此碑现为西安碑林博物馆国宝级名碑之一,2013年8月,国家文物局将其列为第三批禁止出

◎ 汉隶典范——曹全碑及其拓片局部

◎ 宋拓东汉西岳华山庙碑册（华阴本）

境展览的 94 件/组文物之一。

华山庙碑，全称为汉西岳华山庙碑，简称华山碑，也称延熹华岳碑。东汉延熹八年（165）立，原在渭南华阴西岳庙中。相传，西岳庙初建于汉武帝时，当时名集灵宫，东汉桓帝时改称西岳庙，庙内保存很多历代修建和祭祀华山的碑石，其中有著名的《西岳华山庙碑》。碑文记载了汉代统治者祭山、修庙、祈天求雨等情况。《金石萃编》载：碑高七尺七寸，宽三尺六寸，字共22行，满行37字。明嘉靖三十四年十二月（1556年1月）毁于华州大地震，以后该庙所存者为重刻。碑额篆书"西岳华山庙碑"，末行有"郭香察书"字样。此碑在唐代已被重视，当有其拓本，但未流传下来。传世原石旧拓本有四，即"长垣本""华阴本""四明本""李文田本"。"长垣本"为明代河北长垣王文荪藏，现已流入日本；"四明本"是四明（今宁波）丰道生藏，现藏北京故宫博物院；"李文田本"是清初马曰璐、马曰琯兄弟藏，后归李文田，今在香港中文大学；"华阴本"，即"关中本"，明代曾藏华阴商云驹、云肇兄弟之墨庄楼，后归明郭宗昌、清王宏撰、朱彝尊、端方等递藏，帖后有郭宗昌、王铎、翁方纲、钱谦益题跋，今藏北京故宫博物院。华山庙碑碑书历受称颂，篆书碑额丽婉多姿，隶书碑文笔划丰润，变化多端，奇妙精绝，为汉隶典范。清朱彝尊说："汉隶凡三种：一种方整，一种流丽，一种奇古。惟延熹《华岳碑》正变乖合，靡所不有，兼三者之长，当为汉隶第一品。"

### 四、黄壤陆海多粮仓

黄河流域是中国原始农业的发祥地，作为黄河最大支流的渭水流域，更有着优越的土壤和气候条件，距今七八千年前，这里就有了颇具规模的原始农业。中国最早的地理著作《禹贡》曾评定"九州"的土质，陕西关中属于雍州，雍州的黄壤土列为上上，即第一等。汉时也有类似评比，陕西关中的土质仍被评为上上。秦汉时期，关中平原物产富饶，是中国最富庶的"天府之国"。司马迁就评价，关中的耕地占全国的1/3，人口占全国的30%，财富却占全国的60%。而渭南又是"八百里秦川"关中沃土最宽阔的地带，农田广阔，土壤疏松，非常易于开垦。渭南多数年份气候温润，雨量充沛，水系发达。再加上秦汉时期，铁农具的广泛使用和牛耕的推广，郑国渠等水利工程的兴修，汉代代田法等抗旱丰产耕作法的推行，古代渭南的农业生产效率大为提高，成为当时重要的产粮区和京都的粮食供应地。尤其是广开漕渠后关东的粮食大量输入关中，汉王朝在渭南境内设立了粮仓国库，使渭南成为名副其实的皇家粮仓。

◎ 汉代关中水利工程示意图

**郑国渠** 建于秦王政元年（前246），据《史记》记载，韩国派遣水工郑国劝说秦国修建大型水利工程，本想让秦国耗费人力、财力去修渠，使其疲惫，以免秦国兴风作浪，东伐韩国。渠修了一半时，"疲秦之计"被识破，秦王嬴政便想消灭郑国。郑国泰然自若，说"始臣为间,然渠成,亦秦之利也"。秦王认为有理，于是，不仅没杀郑国，还命令加大投入，加快进度修渠，约10年完工。《史记·河渠书》载："渠就，用注填淤之水，溉泽卤之地四万余顷（折今733平方千米），收皆亩一钟（折今100千克），于是关中为沃野，无凶年，秦以富强，卒并诸侯，因命曰'郑国渠'。"郑国渠西引泾水东注洛水，流经今泾阳、三原、富平等县，最后于蒲城县晋城村南注入洛河，长300余里（150余千米），灌溉农田面积2670多平方千米。韩国当初的"疲秦之计"，反而达到了富秦强秦的效果。郑国渠建成后，使干旱的关中平原一跃成为旱涝保收的"天府之国"，为秦充实经济力量、

◎ 郑国渠灌区示意图

统一全国提供了坚实的物质基础。郑国渠工程雄伟,规模宏大,是当时科学治水的典范,处于世界领先水平。体现在:第一,泥水灌溉,淤田压碱;第二,扩大水源,"横绝"河川;第三,穿越山原,精确测量,实现全部自流灌溉;第四,10年完工,速度惊人,对后世影响巨大。2016年11月8日,郑国渠成为陕西省第一处世界灌溉工程遗产。

**白渠** 是继郑国渠之后又一条引泾水灌溉农田的重要水利工程。建于汉武帝太始二年(前95),由赵中大夫白公建议修建,故名白渠。渠道从秦郑国渠南谷口(今泾阳县西北)开渠,基本在郑国渠之南,引泾水向东南流经泾阳、三原、高陵,到栎阳(今西安市阎良区武屯镇)城北15千米入渭河,灌地4500余顷(约折3000平方千米)。后人将其与郑国渠合称"郑白渠"。唐代,郑白渠进行了大规模地改造、整修,在总干渠下建成太白、中白、南白"三白渠"。其中,太白渠经三原、富平、阎良,流入石川河,下接富平堰,灌溉富平县大量民田。中白渠自太白渠引水,流经高陵、栎阳,横跨石川河注入金氏陂(今临渭区故市镇东板桥一带),又向东南流至孝义西南注入渭河。唐武德二年(619),下邽县扩建金氏二陂,将中白渠注入,灌溉部分农田。南白渠自中白渠引水灌溉。其时,民间曾有歌谣赞美道:"郑国在前,白渠在后"和"关中沃衍,实在于斯"。永徽六年(655),郑白渠淤废,灌溉面积骤减。宋庆历年间,整修三白渠,但未能持久。大观元年(1107),在原郑国渠渠口以上3794米处开新口引水,沿用三白渠的渠

◎ 郑国渠与白渠位置示意图

系工程,改名"丰利渠"。元代,渠仍继续使用。

**龙首渠** 是汉代修建的引洛河水灌溉农田的水利工程。西汉元狩三年至元封六年(前120—前105),武帝采纳庄熊罴的建议,征调临晋(今大荔县)1万名人力,用20多年时间,在洛河上开凿龙首渠。渠口在澂县(今澄城县),

## 第三章 京畿重地 汉家粮仓——秦汉时期的渭南

自澄城县庄头村引洛水入渠,沿洛河左岸南流5000余米,越大峪河进入蒲城县永丰镇境内。自河城塬至温汤的缓坡地带为第一段井渠,总长约2600米;自王武至大荔县义井的商颜山山脊地带为第二段井渠,总长约4300米。第一段井渠共发现竖井7个,由北向南依次编号。龙首渠经横亘的商颜山(今铁镰山),灌溉临晋一带平原万余顷的卤地。开凿时首创井渠施工法,即凿井多眼,深者40多丈(133.33米),使井下相通行水,流径3.5千米乃穿越商颜山,使五六十万亩盐卤地变为上等良田。此后,"井渠"开凿法被推广到新疆、甘肃一带,发展为"坎儿井"。北周保定二年(562)春,"同州再开龙首渠,以广灌溉"。民国时期,在旧址上兴建洛惠渠引水工程。龙首渠是中国历史上第一条地下水渠,在洛河水利开发史上是首创工程,由于施工时挖出了龙骨(化石),渠道遂命名为龙首渠。渠道要经过商颜山,这里土质疏松,渠岸易于崩毁,不能采用一般的施工方法,劳动人民发明了"井渠法"的开凿方法,这是世界水利史上的一个伟大创造。

**西汉京师仓** 在渭水、洛河汇入黄河的三河口附近,汉代及以后的隋唐皆设置巨型粮仓,是为了便于漕粮中转和漕船替

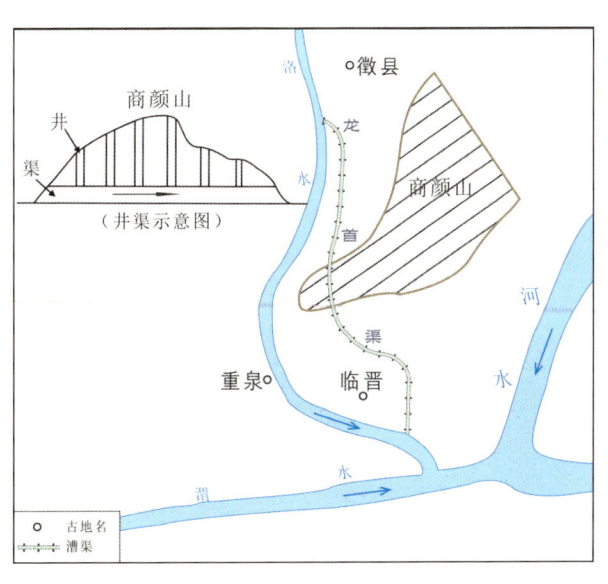

◎ 龙首渠示意图

换。西汉京师仓,又名华仓,修建于汉武帝时期(前140—前88),位于汉漕渠的东端,为首都长安贮存、转运粮食的国家大型粮仓。京师仓遗址,位于今渭南华阴市东10千米的岳庙街道办段家城村北、西泉店村南的瓦碴梁(因梁上散落大量汉代瓦砾故名)上,遗址发现粮仓6座,平面为长方形,一号分三室,余均两室。其中一号仓东西长62.5米、南北宽26.6米,总面积1662.5平方米,分三室,中室大,东西49.3米,南北7.1米,据测算,该仓容量上万立方米。京师仓所处的地理位置一面依山,三面临崖,地势高敞,形势险要,是一座易守难攻的仓城。京师仓遗址长约5千米,宽约1千米,遗址平面呈不规则圆形,占地约12万平方米,是迄今发现规模最大的西汉粮仓建筑遗址。遗址保存较好,堆积层厚,内容丰富,出土有砖瓦、陶范、陶器、铁器、兵器、钱币等,对研究中国古代粮食储藏、调运、仓储管理、河运漕运、河道变迁等具有重要价值。2001年7月,该遗址被国

◎ 京师仓遗址

务院公布为全国重点文物保护单位。

**澂邑漕仓遗址** 位于蒲城县洛滨镇西头村东、洛河西岸的二级台地上。1992年秦汉史专家彭曦等人在考察秦汉遗址时，发现并初步断定为汉代遗址。遗址分布在西头村至韦村之间的广大范围内，南北长约3千米，东西宽1.5至2千米，地面和深土层中有大量春秋战国及秦汉时期的陶器残片、云纹瓦当、绳纹瓦片等。其中，有一种瓦当图案，由"澂邑漕仓"四个篆字组成。也有学者认为，该遗址原为春秋时期晋国的"北澂"故城，秦康公四年（前617）夏，秦"取晋北澂"设县，汉因之，并于此建漕仓。澂邑漕仓是西汉时期具有重要战略意义的国家级粮仓。其设置是便于向北部边防运送军粮，在北部边境形势较为稳定、军粮所需减少的情况下，成为供应都城长安的理想仓储。2013年5月，澂邑漕仓遗址被国务院公布为全国重点文物保护单位。考古工作者在发现澂邑漕仓遗址的同时，还发现了一条从未见诸历史文献的人工漕运渠道——洛渭漕渠。考古工作者认为它是西汉用于向都城长安漕运食粮的，是引洛水入渭水的漕运水道和灌溉工程，由天然河流和人工凿渠衔接而成（其遗迹至今仍清晰可见），自北南流，顺风顺水，舟行省时省力。其中，一段是利用洛河天然河道，起自洛河左岸、蒲城县

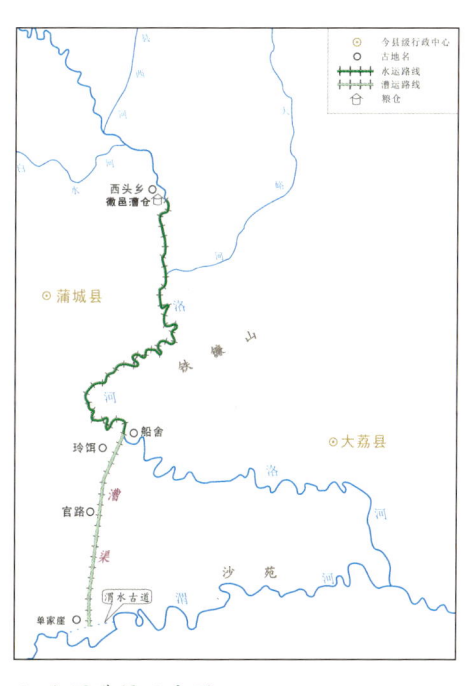

◎ 洛渭漕渠示意图

洛滨镇西头村（澂邑漕仓故址）至蒲城县钤铒村，全长 60 千米。另一段为人工运河，在洛河泛滥流经的洼地上开挖（宽为 25 至 70 米），自蒲城县北城村南洛河引水口处，经渭南市临渭区官路镇新村、南志道村、陈家寨，交斜镇东堡、来化，孝义镇孝义村，南至孝义镇的单家崖村入渭，全长 32 千米。渠为东北—西南走向，渠道遗址宽 40 至 70 米，深 1 至 3 米，北部深，南部浅，两岸夯土遗迹不甚明显，大多被农田覆盖。洛渭漕渠遗址，为研究汉代交通运输、水利设施及经济文化提供了重要的实物资料。

**西汉铸币厂** 1979 年 9 月 24 日，村民在渭南澄城县坡头村东北 200 多米的土壕中取土时，发现了一处陶窑遗址，后有学者研究认为其是西汉元狩五年至元鼎元年（前 118—前 116）间的西汉铸币厂。1980 年 10 月 14 日到 11 月 3 日由考古工作者进行了发掘与清理。该遗址南北长 220 米，东西

◎ 坡头村西汉铸钱遗址出土的铁卡钳、铁鼓风管、铁铲等典型文物

宽147米。从断崖中所暴露出的堆积物看，文化层厚度30～80厘米。发掘过程中，除在铜范出土地点周围采集到大量薄厚不等的粗、细绳纹板瓦残片等物外，还清理发掘出4座陶窑：一号窑属烘范窑，在火膛内发现铜范、陶范和铁器。在工作室发现了炼铜用的铁锅。二号窑在烘范窑西北55米处。此窑火门、工作室和窑室相连。窑室前部为火膛，后部为窑床、烟囱。在火膛内发现大量草木灰，证明是以草木为燃料。三号窑位于烘范窑北38米处，分窑室、火膛、烟囱、火道和火门五部分。火道在膛中间，两端分别与烟囱与火膛相连。四号窑位于三号窑西南2米处，形制结构与三号窑基本相同。

该遗址共出土文物200多件，计有五铢钱铜范41件，大铜范39件每件重5.5千克，小铜范2件每件重3.25千克，炼铜铁锅1件，铁卡钳3件，铁拐脖鼓风管1件，铁钳1件，铁铲1件，铜五铢钱2枚，沙磨石2件，陶范100多件，干泥坯圆筒56件，陶窑垫4件，小陶罐1个，陶甑1件，条砖2块，

◎ 西汉五铢钱范

钱范两件大小相同，通长25厘米，厚0.6厘米，重1.2千克。正面有凹槽，上宽下窄，长21厘米，口宽2厘米，深0.5厘米。各钱模径2.6厘米，穿宽1厘米，分两排与主槽为中轴线对称排列，每排各7枚。两件钱范造型规整，"五铢"二字清晰，篆体笔画匀称。钱范主槽背面为凸棱，背两端有2个桥形执柄，中坐上部有编号，分别为"五""十八"

小铁器 3 件。

西汉前期，除中央政府制造货币外，地方分封的郡国也可铸钱。坡头西汉铸钱遗址出土的钱范数量之多，居全国第一。西汉坡头铸钱厂史书并无记载。这一发现弥补了史书的空白，给中国货币史的研究增添了新的资料。几座陶窑较为完整，设施齐备，工具齐全，铜范制作精美，造型大方，充分反映了古代劳动人民的智慧和才能。它对研究西汉五铢钱的铸造历史和中国货币史的发展过程，有着十分重要的史学价值。

## 五、千古"史圣"司马迁

渭南"三圣"的第三位，就是千古"史圣"司马迁。他是西汉左冯翊夏阳（今渭南韩城市）人，字子长，生于汉景帝中元五年（前145），约卒于汉武帝征和二年（前91），是中国古代伟大的史学家、文学家和思想家，世界历史文化名人。

司马迁的祖先在周朝曾做过几代史官。司马迁7岁时，父亲司马谈因一篇见解精深的文章《论六家要旨》，被汉武帝任命为太史丞，住茂陵督建修陵。次年，又晋升为太史令，由茂陵到长安任职。司马迁从小受到良好的文化熏陶，10岁就能诵读古文著作。他少年时期在家乡一边读书，一边放牧、耕种，有时候也随父亲司马谈去黄河、渭水一带搜集史料。后来，司马迁随父亲到京师长安，曾向董仲舒、孔安国等名师学习过。少年司马迁既承深厚家学渊源，又得名师授业指点、启发诱导，获益匪浅，奠定了坚实的学问基础。

> 《论六家要旨》，司马迁之父司马谈所撰文章。司马谈在《论六家要旨》中将先秦诸子之学概括为六家，即儒、墨、名、法、阴阳、道德，并阐述了六家的要旨和得失，是先秦思想的集大成者。其中，司马谈最尊崇的是道德家。

汉武帝元朔三年（前126），20岁的司马迁，在父亲的支持下，开始出游全国，遍览名山大川，考察风土人情，采访遗迹旧闻。他由长安出武关，经南阳，从南郡（今湖北江陵）渡江，抵长沙汨罗江，凭吊了屈原。接着溯湘江而上，寻访虞舜死葬九嶷山（今湖南宁远县南）的踪迹，又东浮大江，登庐山，上会稽（今浙江绍兴），考察了有关大禹疏导九川和大会诸侯的传说以及越王勾践的史迹。然后北至吴，登姑苏山，搜集吴王阖闾和夫差的逸事。再渡江北上，越淮、泗，游鲁、齐都城，拜谒泗上的孔子墓，参观庙堂的车服礼器，并考察了始皇刻石颂德的邹峄山。折而南返至薛（今山东滕州东南），了解孟尝君田文和其封地。续行彭城（今江苏徐州市）一带，多方搜集秦汉之际重要人物的行踪事迹。在考察途中，司马迁历尽了千辛万苦，甚至陷入了困境，最后经过旧时梁、楚之地返回京师。这一约两年时间的考察壮举，对司马迁的思想和著述都产生了重大影响。一方面使司马迁增长了见识，搜集到大量生动、鲜活、真实的史料，印证了许多历史文献和传闻；另一方面也使他磨练了意志，陶冶了性情，对他思想的成熟和后来纵横自如写作史书奠定了良好的实践基础。

回到长安不久，司马迁就入仕为郎中，从此，经常侍从汉武帝巡行郡县。元鼎五年（前112），他随武帝西巡至崆峒（今甘肃省平凉市崆峒区），祀

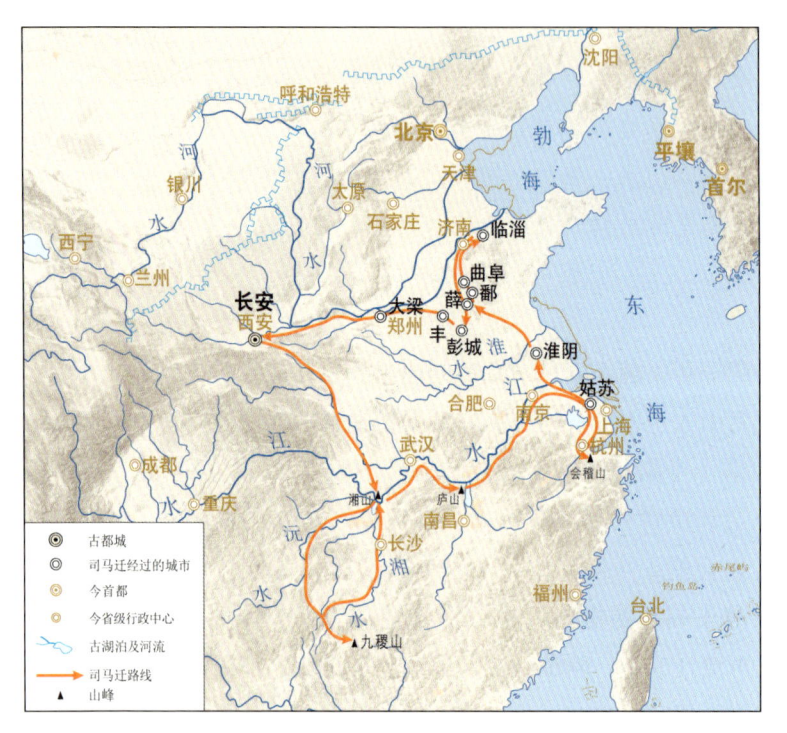

◎ 司马迁20岁时游学路线示意图

泰畤于甘泉。元鼎六年（前111年），他又"奉使西征巴、蜀以南，南略邛、笮、昆明"，这给他提供了考察边远地区地理、物产、民情风俗的难得机会。元封元年（前110），司马迁返回长安，旋即随武帝去泰山封禅，途经洛阳遇见病危的父亲，父子之间进行了生离死别的会晤，父亲郑重嘱托他著述写史，完成其未了的夙愿。元封三年（前108），38岁的司马迁接替他的父亲司马谈被任命为太史令，职掌天时星历，管理皇家图籍。在任太史令前后几年时间里，司马迁随汉武帝又巡游了全国许多地方，西至萧关（今宁夏固原县东南），北到朔方（治所在今内蒙古杭锦旗西北黄河南岸），东及辽西（治所在今辽宁义县西）、琅邪（治所在今山东胶南市西南夏河城），南达寻阳（治所在今湖北黄梅县西南）、枞阳（今安徽枞阳县），既饱览了祖国名山大川，也参加了庄严肃穆的祭祀泰山活动，并亲自背柴，参加了堵塞瓠子河（今河南濮阳南）决口的抗洪活动。他一面巡游全国，一面搜集整理资料，并利用任太史令的机会，阅读了汉朝宫廷所收藏的大量图书典籍和档案文献，为著述写史做准备。

汉太初元年（前104），42岁的司马迁与公孙卿、壶遂共同建议并主持制定了《太初历》，以代替由秦沿袭下来的《颛顼历》。这种历法采用邓平的"八十一分律历"，也就是计算出一月之日为29又81分日之43，它在运算上精密准确，与日月相合。它的另一贡献是把过去十月为岁首改为以正月为岁首，又沿用"十九年七闰月法"，使历书与农时季节相适应，春生夏长，秋收冬藏，四季昌顺。《太初历》的制定是中国历法史上一次伟大的变革，其科学成就巨大，影响直至今日。同年，司马迁在广泛搜集资料的基础上，开始了他著述《太史公书》的宏大工程。

初始，司马迁一面著述，一面随汉武帝到各地巡游，一切倒还顺利。但在天汉二年（前99），飞来横祸，司马迁因替李陵兵败投降匈奴辩解触怒了汉武帝，获罪下狱，遭受宫刑。在严重打击和奇耻大辱面前，司马迁以周文王、孔子、左丘明、孙膑、屈原等人为榜样激励自己，以惊人的毅力和决心坚持下来。汉武帝太始元年（前96），司马迁获大赦出狱，任中书令，时年50岁。他忍受屈辱，发愤著述，经过10多年的写作，大约在征和二年（前91）完成了倾注着全部心血的《太史公书》。因《太史公书》叙事记人均直言不讳，在当时并未公之于世。直到几十年后，司马迁的外孙杨恽才上书汉宣帝，将《太史公书》公布于世。魏晋时，始称《史记》。

司马迁撰写的《史记》是一部划时代的历史巨著，是中国历史上第一部纪传体通史。全书共130卷，52万多字，记述了上自传说中的黄帝，下至汉武帝时期，将近3000年的历史情况。《史记》在史书编撰体例上有首

◎《史记》书影

创之功，全书分十二本纪、十表、八书、三十世家、七十列传共五大部类。本纪是以一个朝代或以一个帝王为中心的大事记；表是用表格按年或月简明排列的历史上的重大事件；书记述了历代典章制度、天文历象、经济生活，等等；世家主要记述贵族诸侯的历史；列传是帝王、诸侯以外的重要人物

的传记和边疆各族以及邻国的历史。最后一篇是《太史公自序》。从此以后，把自序放在全书的最后，成为古代学者著书的惯例。《史记》是中国古代史书的范例，从《汉书》到《明史》23部正史，在体例上皆因袭仿效，概莫能外。

司马迁写作《史记》，态度严肃认真，"其文直，其事核，不虚美，不隐恶"（见《汉书·司马迁》）。在历史观上，他不与圣人同是非，有褒有贬，爱憎分明，并把农民起义领袖陈涉列入世家；在人物的刻画上，以一事而见性格，形象生动，惟妙惟肖。总之，《史记》不但是一部伟大的史学名著，而且也是一部优秀的文学杰作，是历史与文学高度和谐的统一体。司马迁自称其"究天人之际，通古今之变，成一家之言"（司马迁《报任安书》）。鲁迅则称赞它是"史家之绝唱，无韵之离骚"。除《史记》外，司马迁作赋八篇，均已散佚，唯《艺文类聚》卷三十引征《悲士不遇赋》片段。又撰《报任安书》，记述了他下狱受刑的经过和修史的抱负。

对于司马迁和他的《史记》，历代学者已经从各种不同的角度作出了极其崇高的评价。无论是"史圣""百科全书式通史"，还是"史家之绝唱，无韵之离骚"以及"人类和民族的瑰宝"，都是当之无愧的。若站在陕西和渭南的角度，则可以自豪地说，奉献出了伟大的史学家、思想家和文学家司马迁以及他的不朽巨著《史记》，是陕西渭南这方水土对古代中国和人类文明作出的伟大贡献。而放到全国范围去比较和评价，有学者甚至这样说过，中国古代东部所诞生的最伟大的文化"圣人"是孔子，西部所诞生的就是"史圣"司马迁。东有孔夫子，西有司马迁，两位文化伟人的光芒，永远照耀着中国文化的星空。

司马迁祠和墓，位于其家乡渭南韩城市芝川镇东南的高冈上。祠庙始建于西晋永嘉四年（310），历代均有修缮和增建，其中寝宫建于北宋靖康元年（1126），额书"君子万年"。墓位于寝宫之后，系元代重修，冢为蒙古包形，周围嵌以八卦、花卉砖雕图案，墓前有清乾隆年间陕西巡抚毕沅书"汉太史司马公墓"石碑一通。祠门建于明万历三十四年（1606），明间额书"太史祠"。朝神道建于清康熙七年（1668），起点处建有一木牌坊，正面额书"高山仰止"，背面额书"既景遒冈"，终点处是山门，额书"史笔昭世"。祠中保存有许多碑刻，最早为宋代人题写，影响最大的是郭沫若的题诗碑，诗曰："龙门有灵秀，钟毓人中龙。学殖空前富，文章旷代雄。怜才膺斧钺，吐气作霓虹。功业追尼父，千秋太史公。"1982年2月，司马迁墓和祠被国务院公布为全国重点文物保护单位。

◎ 司马迁祠和墓

## 六、"廉垂四知"是杨震

弘农杨氏，也称华阴杨氏，是以弘农郡华阴县（今渭南华阴市、潼关县一带）为郡望的名门望族，历朝历代人才辈出，在中国历史上具有很大影响。尤其东汉杨震"廉垂四知""清白传家"和杨震一族"四世太尉，德业相继"

◎ 东汉绿釉陶磨房

1979年出土于渭南潼关县，高22厘米，长26厘米，宽20厘米。陶磨房左边内放一石磨，右边内放一舂米的臼具，真实地再现了东汉时期人们日常劳作的场所

饮誉当时，对后世影响深远。

杨震（59—124），字伯起，弘农华阴水峪口村（今属渭南市潼关县）人。东汉著名学者、教育家和名臣，官至太尉。是中国历史上有名的清官。他为人刚正耿直，为官勤政清廉，为后人留下了博学、正直、清廉的宝贵家风和遗产。

杨震出身名门，八世祖杨喜，因参与聚歼项羽有功而被汉高祖刘邦封为"赤泉侯"。高祖杨敞，汉昭帝时官拜丞相，因功被封"安平侯"。父亲杨宝，学识渊博，名重当时。西汉末年，杨宝隐居民间，以教书授徒为生，终老家乡，后被光武帝追赠为"靖节先生"。可是，这一显赫家族至杨震时开始衰落。杨震幼年丧父，家境贫苦，"少孤贫，独与母居"。他一方面躬耕力农，侍奉母亲，操持家务；一方面刻苦学习，拜当时有名的经学大师桓郁为师，发奋攻读，博览群书，年轻时即精通儒家典籍，学业大进，为日后从事教育和从政为官奠定了坚实基础。

杨震年轻时，胸怀振兴国家、有功于世的志向，承袭了父亲杨宝"隐居教授"的做法，为国家培养人才。大约从20岁起，他便设塾授徒，开始了长达30年的教育生涯。他的教学地点曾几经变迁，先后有华山脚下的牛心峪、双泉学馆和位于今河南灵宝的三鳣堂等多处。杨震遵循孔子"有教无类"的教育思想，把许多贫苦人家的子弟也收为弟子。在牛心峪教学时四方前来求学者络绎不绝，学生多达3000人。因牛心峪槐树很多，故时人称为"杨震槐市"。母亲去世后，他在华岳庙东边古驿道旁的双泉村建立了新的学馆。杨震在双泉学馆讲学近10年，弟子多达千人。离开双泉学馆之后，杨震又到三鳣堂设馆授徒，他在这里设教约在3年以上。杨震为当时社会培养了不少人才，名臣虞放（汉桓帝时司空）、陈翼等人就出自杨震门下。因此，杨震被时人誉为"关西孔子杨伯起"，后人也称他为"关西夫子"。

杨震不仅育人有方，做人当官亦堪称楷模。汉安帝永初二年（108），50岁的杨震应大将军邓骘之召，到其幕府任职，此后步入仕途，历任襄城令、荆州刺史、东莱太守、涿郡太守。杨震以清廉著称于世，"暮夜却金"的典故就发生在他调任东莱太守的途中。汉安帝永初六年（112），杨震由荆州刺史调任东莱太守，路过属县昌邑（今山东巨野东南），原由他举荐的门生王密正做昌邑县令。晚上，王密去拜见老师，怀奉金十斤，以赠送给杨震。杨震愕然道："我自以为了解你，你却不了解我，为何要如此做呢？"王密婉言道："夜深了，无人知道此事的。"

杨震断然拒绝，正色道："天知，神知，我知，子知，何谓无知？"王密羞愧交加，谢罪而退。从此，杨震"暮夜却金"的佳话，流芳古今。后人因此称杨震为"四知先生"或"杨四知"。

杨震一直清廉自守，过着俭朴的生活，每天吃素食，出门靠步行，不置产业，不建豪宅，儿孙也都过着清贫俭朴的生活。亲朋故旧劝他应为子孙后代打算，多置产业。他不肯，说："使后世称为清白吏子孙，以此遗之，不亦厚乎！""清白吏"为杨氏传家宝，子孙后代以杨震为榜样，恪守家训。

安帝元初四年（117），杨震应诏入朝，先后任太仆、太常、司徒、太尉等职，仍然清廉正直。当时，东汉朝政极为昏暗，外戚、宦官交替专权，特别是安帝乳母王圣常干涉朝政，恣意妄为。大臣多敢怒不敢言，唯杨震疾恶如仇，上书弹劾王圣，请求安帝将其逐出内宫。杨震的犯颜直谏使昏庸的安帝很不高兴，加之杨震曾严辞拒绝外戚耿宝等荐用私人的请托，并上书揭露宦官樊丰等谄上欺下的行为，因此引起了朝中诸多黑暗势力的不满。延光三年（124），宦官樊丰诬陷杨震是外戚邓骘余党，且有怀恨愤怨之心，汉安帝即免去杨震太尉之职，不久又下诏将

◎ 东汉绿釉陶望楼
　出土于渭南市潼关县

他逐出京城,遣归本郡。在邪恶势力的逼迫下,杨震悲愤难抑,当行至洛阳城西的夕阳亭时,他不禁老泪纵横,对随行的儿子和门生说:"死是人所难免的,但我受皇恩官居高位,痛恨奸臣狡猾而不能诛,厌恶嬖女倾乱而不能禁,有何面目复见日月!"话毕,愤然服毒自尽,时年65岁。杨震死后,樊丰还唆使弘农太守移良在陕县扣留杨震灵柩,并将棺木弃置道旁,阻止杨震魂归故里。两年后,汉顺帝刘保即位,为杨震昭雪,封杨震的两个儿子为郎,并赐钱以礼改葬杨震于华阴潼亭(今渭南市潼关县西四知村)。2011年,在杨震墓址基础上,当地政府建成开放了总占地面积83亩(55333.33平方米)的杨震廉政教育博物馆,包括祠前区、祠院区、祭祀区及绿化区。

杨震临终前留下遗嘱:"身死之日,以杂木为棺,布单被裁足盖形,勿归冢次,勿设祭祠。"这与当时官僚士大夫生前追求骄奢淫逸、死后铺张厚葬的风气形成了鲜明的对照。杨震以教授为业,经书传家,清白传家,其后世子孙也深受其影响,名流学士辈出。杨震之后,他的儿子杨秉、孙

◎ 杨震廉政博物馆全景

子杨赐、重孙杨彪均以卓越的才能和节操担任过太尉，留下了"四世三公"的千古佳话。而且，杨家五世以经学传承、代出大师学者，在中国古代史上也属凤毛麟角。杨震的儿子杨秉，少传父业，曾隐居家乡教授门徒及子弟；杨秉子杨赐，少传家学，以祖父、父亲为榜样，不应州郡荐举，而以传道授业为己任；杨赐子杨彪为东汉末年之大儒；杨彪子杨修为汉末著名文学家。

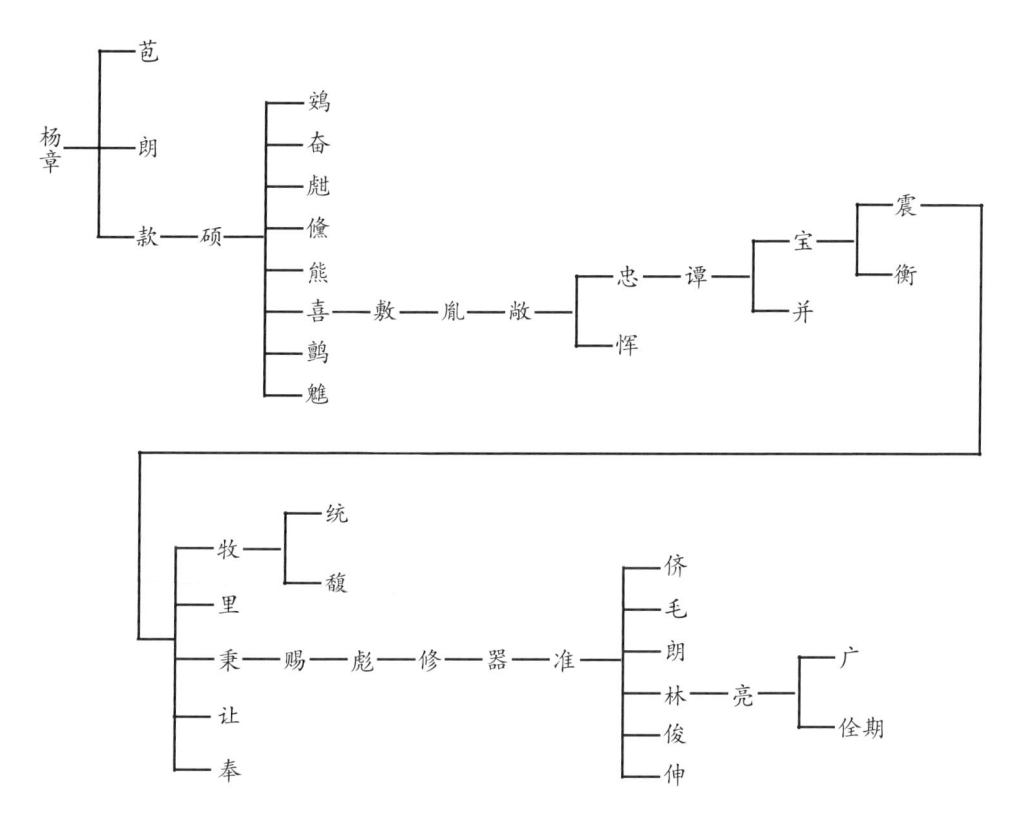

◎ 秦汉时期弘农杨氏世系表

杨震少子杨奉、奉子杨敷和敷子杨众也是饱读诗书，饮誉当时。20世纪50年代以来，考古人员对位于今渭南潼关、华阴的弘农杨氏家族墓地进行了考古发掘，出土有大量文物。其中，华阴杨氏家族墓中还出土了不少墓志铭，详细记载了从秦汉到魏晋南北朝时期这一家族的谱系和历代高官显宦、学者名士等显赫人物。

## 肆

### 战乱融合 王兴龙起

魏晋南北朝时期的渭南

# 第四章 战乱融合 王兴龙起——魏晋南北朝时期的渭南

自东汉中平元年（184）黄巾起义爆发，中国历史进入近400年的大动荡、大分裂时代。220年曹丕篡汉称帝，开始了360多年的魏晋南北朝时期。自西晋末（304）到北魏统一北方（439）期间，由"五胡"（即匈奴、鲜卑、羯、氐、羌5个少数民族）入主中原建立起的"十六国"，彻底搅乱了中国原有的政治格局，史称"五胡乱华"。在诸多少数民族政权中，前赵、前秦、后秦、西魏、北周建都长安。战乱频仍，朝代更迭频繁，而始终处于战乱中心的陕西尤为突出。渭南作为京畿地区、重要经济区和西北通往中原的门户，成为兵家必争之地。社会动荡、人口迁徙与民族间的混居摩擦，促进了渭南地域的民族融合和宗教传播，同时这一时期渭南发生的重要历史事件和涌现出的英雄人物，又为之后隋朝统一全国和大唐盛世的出现奠定了基础。

## 一、曹操潼关败马超

东汉末年，天下大乱。建安十三年（208）赤壁之战后，三国鼎立的局面基本形成。"挟天子以令诸侯"的曹操见统一江南暂时无望，转而向西发展。此时屯驻关中和甘肃东部一带的割据势力马超、韩遂等部，名义上归附东汉，实际处于半独立状态；张鲁在汉中地区建立了农民政权，自树一帜。曹操以讨伐汉中张鲁为名，谋划由河南、山西进军，渡过黄河，夺取关中地区。

东汉建安十六年（211）三月，作为丞相的曹操，命司隶校尉钟繇从洛阳领兵出征，讨伐汉中的张鲁，派夏侯渊等人由河东郡出兵，前去与钟繇会合。马超、韩遂、杨秋、李堪、成宜等，得知曹操欲出兵关中，即合兵10万，组成关中联军，屯据潼关，共同拒曹。曹操先令安西将军曹仁督诸将进逼潼关，坚壁不战。七月，亲自统军与马超等对峙于潼关。八月，曹操佯示急攻，诱关中诸将聚集，乘渭北空虚，暗遣将军徐晃、朱灵领4000步骑从蒲坂津（今山西永济县与陕西大荔县间的黄河渡口）偷

◎ 魏晋南北朝年代简表

第四章 战乱融合 王兴龙起——魏晋南北朝时期的渭南

渡黄河，攻入渭北，据河西为营。

闰八月，曹操攻潼关不克，自率百余人在南岸指挥大军北渡黄河，马超领兵杀至河边，驱兵直扑向曹操，曹操躲闪逃跑，马超挺枪跃马紧追不舍，至"古槐"下曹操绕树而跑，马超盯住曹操后心猛刺，因用力过猛，误中槐树，拔矛不出，曹操借机得以逃脱，被部将许褚救下。诸葛亮《后出师表》说"曹操贻死潼关"便指此恶战。在这紧急关头，曹军校尉丁斐放出不少牛马，诱骗马超军。马超的部队顿时混乱起来，争先恐后地抢夺牛马，曹操乘机渡过黄河，向北进发。再由蒲坂西渡黄河与徐晃、朱灵军会合。然后连车立栅（即用战车和木栅在行军道路两侧修成工事），筑成通道，掩护部队南下，直抵渭口（今大荔县东南渭河边）。这样，潼关天险失去作用，联军主力被迫转至渭口南岸布防，与曹军对峙。此时天气已经寒冷，曹操用谋士娄圭之谋，利用

◎ 马超刺曹古槐遗址标志碑

大寒之机，夜渡渭水，用沙筑城，以水浇灌，一夜之间筑成坚固营垒，架起浮桥，曹军全部渡至渭水以南。曹操预料马超必来夜袭，于是预设埋伏，击败马超军。马超受挫，提出划河为界的议和条件，被曹操拒绝。

九月，曹操大军全部渡过黄河。马超多次前来挑战，曹操坚守不出，使马超欲急战速胜不得，再次请求割地求利，并表示愿意将子弟送入前营作为

抵押。这时曹操采纳谋士贾诩的离间计，假意应允麻痹对方，暗中积极准备，伺机进军。曹操与韩遂的父亲同年举为孝廉，又与韩遂同朝做官，有过交往，因为这点关系，韩遂请求与曹操会面，曹操答应了。在双方军队的阵列之间，曹操与韩遂骑马相见，交谈了一阵，没有涉及战事，只讲些过去在京都洛阳的往事。谈完之后，曹操拍手大笑。韩遂返回后，马超问他跟曹操谈了些什么，韩遂说没谈什么，马超对他怀疑起来。随即，曹操又给韩遂写了封信，故意涂改了许多字句。马超得知曹操来信，索取要看。一看其中涂改了一些字句，以为是韩遂涂改的，不让自己知道一些秘密，于是便对韩遂更加怀疑了，造成联军内部的矛盾激化。

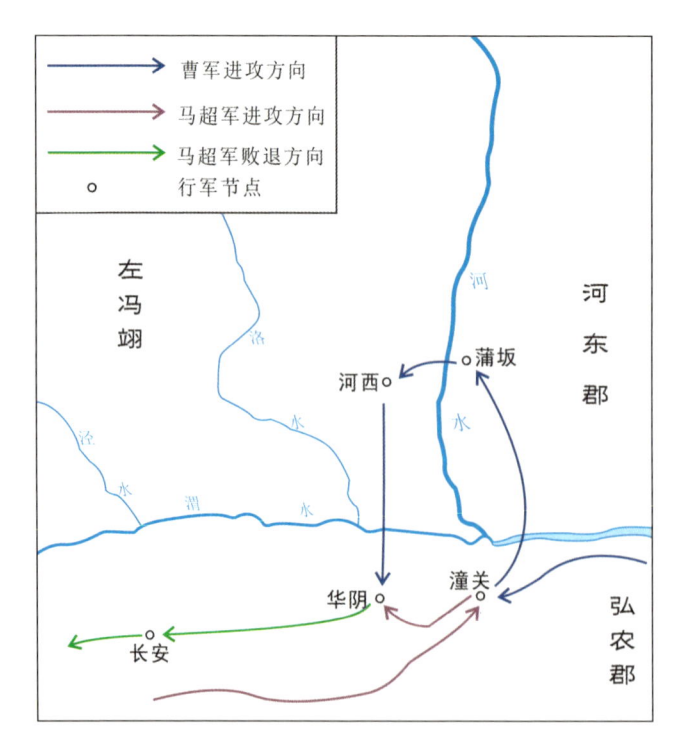

曹操视时机成熟后，主动对马超、韩遂等联军发起进攻，与联军决战。决战时，曹操以部分轻装骑兵从正面出击，以机动战法与之周旋，将精锐骑兵埋伏在阵地两侧。当马超全力进攻，马超军进入伏击地域时，曹军埋伏的骑兵突然由左右两翼夹击。联军

◎ 曹操与马超潼关之战示意图

第四章　战乱融合　王兴龙起——魏晋南北朝时期的渭南

大败溃散，李堪、成宜被杀，马超、韩遂逃回凉州（治所在今甘肃张家川县），曹操进据关中。十月，曹操分遣众将，追击马超各部，关中和凉州各郡均为曹操所控制。

此番潼关之战大捷是曹操剪灭群雄过程中的一次重大胜利。此战，曹操凭着高超的军事指挥才能，并巧用离间计歼灭马超、韩遂主力，平定了关中，为之后向西攻取汉中和曹魏政权的建立奠定了基础。

潼关，在今渭南市潼关县境内。东汉末曹操于建安元年（196）始设，以水得名。《水经注》载："（黄）河在关内南流，潼激关山，因谓之潼关。"潼关地处秦、晋、豫三省交界，地势险绝，山川形胜，南障秦岭，北阻黄河，东连函谷，西拱华山，中有禁沟、远望沟、潼洛川横断，禁沟西岸筑有十二连城及遍布在河岸、沟内、峪口的17处关隘，构成"关门扼九州，飞鸟不能逾"的军事要塞。潼关为陕西东大门，西北咽喉道，历来为兵家必争之地，被誉为"畿内首险""三秦锁钥""四镇咽喉""百二重关""九州之枢"等。就连清乾隆皇帝行至于此，也不免感慨，于城楼东门外横额上留下"第一关"的鎏金御书。2013年5月，潼关故城和十二连城烽火台遗址，同时被国务院公布为全国重点文物保护单位

◎ 千年雄关——潼关

## 二、王猛改革强前秦

1999年10月，在渭南华阴市华山脚下出土了王猛煤精组印。印为煤精质，通高4.7厘米，印面每边长2.7厘米。印文分别为阴刻篆书白文"臣猛""王猛""王猛白笺""王猛言事""王猛白事""印完"。

◎ 十六国·前秦，王猛煤精组印

王猛（325—375），字景略，北海郡剧县（今山东潍坊寿光东南）人，东晋十六国时期著名的政治家、军事家。少时家境贫寒，以卖畚箕为生。但他勤奋好学，自幼便博览群书，尤喜读兵书。史载，王猛为人"谨重严毅，气度弘远"，他青年时"隐于华阴山（华山）"，并在此"怀佐世之志，希龙颜之主,敛翼待时,候风云而后动"(《晋书》)。出山后,官至前秦丞相,功勋至伟,范文澜曾评价王猛是史上"第一流的将相"(《中国通史简编》)。

354年,东晋大将桓温率军北伐前秦,攻入关中,进军至灞上(今西安市东部)。一天,身穿粗布衣裳的王猛出山拜见桓温。他口若悬河,与桓温谈论中原百姓受异族统治之苦,进言经略中原、定国安民的策略。可是,桓温的目的不是北伐,而是想借北伐之威而与东晋王朝其他世族权贵争权夺利,他怕后方不稳,急于回江南,不听王猛计策。结果王猛复归华山,继续隐居读书;桓温因粮草不足被迫撤返江陵,前秦军趁势追击,东晋军大败,伤亡甚众。于是,王猛名扬天下。

前秦苻坚即位之前,就久闻王猛大名,仰慕他的为人与风采,便派人到华山力请他出山,辅佐自己成就宏图伟业。王猛觉得苻坚能成大事,正是自己要投靠的明主,便随使者来到长安。两人见面之后开怀畅饮,彻夜长谈,大有相见恨晚之感。苻坚高兴地说:"我得到王猛,如同玄德之遇孔明也!"因此,王猛也被称为"小诸葛"。

357年,苻坚即位大秦天王后,拜王猛为中书侍郎。当时,京师的西北门户始平县(今咸阳兴平市)豪强横行,百姓叫苦连天。苻坚派王猛为始平县令前往治理。王猛执法严明,雷厉风行,到任伊始就把一个作恶多端的奸吏当众打死。致使奸吏的狐朋狗党联名上告,并勾结执法官将王猛逮捕,押送到长安狱中。苻坚闻听大惊,亲自到狱中看望和责问王猛:"当官理政要把仁义道德放在首位,怎能上任就杀人?"王猛从容说道:"治理安定的国家要用礼,治理乱世就要用法。我一心为陛下铲除奸暴不法之徒,现在才杀掉一个奸吏,还有千万个奸吏扰乱社会治安;如果陛下认为我不能消灭奸吏,安定社会治安,我甘愿受惩罚;若说我太残酷,实在不敢接受!"苻坚听罢打心眼里高兴,认定王猛是治理乱世的干才。遂向在场的文武大臣说："王猛可真是管仲、子产一类的人物啊！"于是，当即赦免王猛，对他更加信任。所有军国大事都交给王猛处理，倚其为心腹股肱。

在苻坚的全力支持下，王猛以铁腕治理大秦，旨在建立一个有令必行、有法必依的社会。王猛在始平的所作所为引起了长安氏族豪强的痛恨，前秦开国元勋樊世公开扬言要悬王猛的人头于国门。王猛丝毫不为所惧，在调查掌握了樊世许多骄横不法的行为后，便奏请苻坚诛杀樊世。王猛行法不避皇亲国戚，苻坚姊母的弟弟强德仗势欺人，欺压百姓，王猛立即将其逮捕并处以极刑，他还在几十天之内连续处死了20多个贵戚豪强，使前秦境内"百姓震肃，豪右屏气，风化大行"。苻坚高兴地称赞说："孤今天始知天下之有法的好处了！"

因王猛政绩卓著，不久他又被升为京兆尹，后又任吏部尚书、尚书左仆射、辅国将军、司隶校尉，一年中竟被提升了五次官职。在苻坚的信任和支持下，王猛主持实行了一系列改革，主要有废除胡汉分治之法，尽力维护汉、氐、羌等各族之间的平衡和团结；广建学校，提倡儒学，并创立了荐举赏罚制度和官吏考核新标准；在关中兴修水利，劝课农桑，推广汉代的区种法，发展社会生产。这些措施的实行，使前秦政治走向修明有序，人民生活趋于安定，经济和军事实力大为增强。

王猛见统一北方的时机已成熟，遂建议苻坚集中军事力量攻取割据东方的前燕。368年，前燕鲜卑慕容氏首先向西进攻前秦，王猛受命屯兵于华山脚下，以拒前燕军队。今华山峪口之东的中方山下有王猛台。台上坪地宽阔，有点将台等遗址，也是王猛当年在此屯兵之迹。370年，王猛亲率6万精兵渡过黄河，向前燕政权发动了猛烈进攻。前秦军队一路长驱直入，很快便攻下前燕都城邺（今河北临漳县西），活捉了前燕王慕容炜，消灭了前燕。此后，在王猛的筹划部署下，前秦陆续灭掉代、前凉等国，最终统一了整个北方地区。由于王猛日夜操劳国事，呕心沥血，最终积劳成疾，身染重病，于375年病逝于长安，终年51岁。他临终之前还忠告苻坚："东晋虽然偏安江南，但是正统所在，国力尚强，臣死之后，陛下千万不可伐晋！"苻坚对王猛的辞世悲痛万分，追谥其为"武侯"（仿效蜀汉追谥诸葛亮"忠武侯"），流着眼泪说："难道上天不想让我平定天下吗？为何这么快夺走了我的王景略！"长安百姓也如丧考妣，"巷哭三日"。王猛死后，葬于华麓，今渭南华阴市西关村西南有王猛墓遗址。

◎ 华山王猛台

"王猛台"三字，为清康熙年间白山达礼善所书

## 三、东魏西魏战沙苑

534年，以大丞相身份控制朝政的高欢逼得北魏孝武帝离开都城洛阳，向西逃向长安，投奔占据关中的另一大将宇文泰。高欢随即另立元善见为孝静帝，迁都邺城（今河北临漳），史称东魏。535年，宇文泰将投奔他的孝武帝元修毒死，另立元宝炬为文帝，建都长安，史称西魏。至此，北魏

◎ 西魏文帝元宝炬永陵

位于渭南富平县留古镇何家村大冢堡北，1996年11月被国务院公布为全国重点文物保护单位

分裂为东魏和西魏。当时，东魏在统治地域和军事力量方面均比西魏占有明显优势，高欢恃其兵强马壮，频频向西魏发动进攻。

537年正月，西魏宇文泰在潼关之战中以少胜多击败东魏军，占据东魏弘农（今河南灵宝一带）。时值关中遭灾，粮食匮乏，宇文泰就驻兵弘农，休养生息。附近的东魏地方官员和当地豪绅纷纷依附宇文泰。东魏高欢见宇文泰抢占了弘农，立即发兵争夺。九月，亲率20万大军渡黄河逼向西魏军。同时，派大将高敖曹率3万人，扑向关中。宇文泰兵力不足1万，得知高欢要渡河西进，立即率军退入关中。高欢率军渡过黄河，直逼华州（后改为同州，治所在今渭南市大荔县）。华州刺史王罴立即布置兵马，严加防备。高欢见一时难以取胜，就率军驻扎在许原（今渭南市大荔境内）西部。

  宇文泰驻军渭水之南，并迅速发令，让各州军队前来参战。同时，他召集将领开会，商讨对敌之策。宇文泰首先发言："高欢翻山渡河，远远赶到这里，是天将灭他。我打算与他决战，大家认为如何？"众将领信心不足，认为应该让高欢再西进一下，然后待机决战。宇文泰态度坚决："要是让他西进咸阳，关中人心就会浮动，社会就会骚乱。现在趁他立足未稳，正好打他。"于是，宇文泰命令部队在渭水架上浮桥，每人只带3天的口粮，轻装渡过渭水。军中大量辎重，则沿渭河向西运送，屯放于安全之处。

  十月一日，宇文泰率军到达沙苑（今陕西大荔县南部，为古代少数民族聚居区和养马地），与高欢的军队相距60余里（30余千米）。高欢得知西魏军到来，便率大军前来迎战。二日，宇文泰得到消息，立即召集众将，商议对策。李弼建议，敌众我寡，不能在平坦之地列阵对敌，应将部队开到向东10里（5千米）的有利地形，与其决战。宇文泰采纳他的建议，下令军队向东开往渭河湾处，面东背水，形成包围圈。李弼军为右翼，赵贵军为左翼。令将士们把身体和武器隐藏于芦苇丛中，听到鼓声再奋起厮杀。过了正午，高欢率军赶到，宇文泰只用少量兵力诱敌深入。高欢见对方兵少，带兵穷追不舍，想一举歼敌。等高欢军队进入伏击圈，宇文泰亲自击鼓，李弼、于谨等6员战将率将士们冲出芦苇，奋力拼杀。高欢军队猝不及防，手忙脚乱，被截成两段，互相不能照应，全军乱了阵势。两军大战到晚间，东魏军被杀6000余人，投降2万余人。高欢乘着夜色，率残兵败将向东逃跑。西魏军穷追不舍，直追到黄河边上，又杀死和俘虏许多东魏士兵。此役，宇文泰共俘虏东魏军8万余人，除留2万收编为西魏军外，其余全部遣散。

◎ 东魏、西魏沙苑之战示意图

◎ 北周文帝宇文泰成陵

位于渭南富平县宫里小学院内，2013年5月被国务院公布为全国重点文物保护单位

　　沙苑之战后，西魏皇帝晋升宇文泰为柱国大将军，将其采邑增加到5000户。对其他有功将领，也都进行了封赏。为纪念这次以少胜多的战役，宇文泰下令每人在沙苑战场植树一棵。沙苑之战是中国军事史上以少胜多的的著名战例，一举改变了战前东魏强西魏弱的态势，为以后北周统一北方奠定了基础。

## 四、雄才大略宇文邕

　　宇文邕（543—578），字祢罗突，鲜卑族，西魏大统九年（543）出生

◎ 宇文邕画像

取自唐代阎立本绘《历代帝王图卷》，现藏美国波士顿博物馆

于同州（今渭南市大荔县），北周王朝第三位皇帝，是南北朝时期杰出的政治家、军事家和谋略家。

宇文邕之父宇文泰，祖籍代郡武川（今属内蒙古），鲜卑族，西魏名将，后逐渐把持西魏朝政。宇文邕"幼而孝敬，聪敏有器质"，深得父亲喜爱，宇文泰曾说："成吾志者，此儿也。"宇文泰病重时，郑重嘱托其侄宇文护说："吾诸子皆幼，外寇方强，天下之事，属之于汝，宜努力以成吾志。"宇文泰死后第二年（557），宇文泰三子宇文觉取代西魏，建立北周。但是，宇文护背信弃义，专权跋扈，先后害死孝闵帝（宇文泰三子宇文觉）、周明帝（宇文泰长子宇文毓）。北周武成二年（560），宇文泰第四子宇文邕即位，史称北周武帝。

宇文邕性格沉稳，少年老成，不善多言，但"言必有中"。即位之初，宇文护掌握实权，形势险恶，宇文邕"常自晦迹"，收敛锋芒，韬光养晦，等待时机。建德元年（572），宇文邕一举除掉宇文护及其势力，亲理朝政。这样，宇文邕不仅使自己避免了重蹈其兄被杀的命运，把北周从内乱倾轧中解救出来，使政局得以稳定，而且更为宇文邕下一步推行改革、壮大国力从而统一北方奠定了政治基础。

宇文邕亲政后，继承父亲遗志，励精图治，推行改革，发展生产，壮大国力。在政治上，宇文邕以儒家学说为治国指导思想，并仿照汉族先进的政治制度，进一步调整封建生产关系，几次颁发诏书下令在全国范围内释放奴婢，改籍为农，从事农业生产；在经济上，巩固和发展均田制，调整国家赋税制度，并在渭水北岸的蒲州、华州兴建两条渠道，引水灌溉几万顷旱田，极大地推动了关中地区水利事业和农业生产的发展；在军事上，进一步打破汉族和鲜卑族之间的民族界限，大量招募汉族农民充当府兵，并且在各方面给予优待。

  北周武帝的另一项重大改革是罢斥佛教，在全境内展开了一场声势浩大的灭佛运动。这是所有改革措施中最惊人最有胆识也最富有挑战性的一项。南北朝时期是我国历史上佛教空前盛行的时代，各地广建佛寺，不少人"假募沙门，实避调役"，致使佛寺和僧尼数量恶性膨胀。北周初年，"佛法全盛"，皇亲国戚、达官贵人都纷纷出资建造佛寺，佛教势力非常强大。北周境内有1万多所寺院，僧尼100余万，占全部人口的1/10，寺庙占有大量田地和人口，导致国家税收减少，社会矛盾激化，人民生活更加困苦。北周武帝认为，要消灭北齐，就必须富国强兵；要富国强兵，就必须废除佛教。574年，他亲自召集名儒、名僧、道士及文武百官2000余人在长安大德殿辩论，并当朝宣布以儒教为第一，道教为第二，佛教为末等。他又提出了"求兵于僧众之间，取地于塔庙之下"的口号，下诏在全国范围内灭除佛教，将境内所有的寺院财产及其土地全部没收入官，所

◎ 北周建德三年石佛像

有的铜铸佛像、钟、鼎、磬等佛教器物统统销毁以铸造铜钱和兵器，百万僧尼一律还俗，僧祇户全部编政入府户籍，从事农业生产。这就是历史上著名的"北周武帝灭佛"运动。通过这项声势浩大的毁佛运动，沉重打击了僧侣地主的政治经济势力，大大增加了国家的财政收入和兵役来源，减轻了劳动人民的负担。

宇文邕的改革，顺应了时代发展的潮流，促进了生产力的解放，对当时经济的恢复和社会的安定，起到了积极作用，使北周的综合国力空前提升，为抗击突厥、消灭北齐、统一北方打下了坚实的经济基础。

长期以来，北周和北齐两个王朝，一直处于敌对状态，双方互有胜负，力量大体均衡。但是自宇文邕亲政后，双方的力量对比发生了很大变化。就北周而言，一是经过改革，国力增长；二是吸收汉族农民充当府兵，军事优势形成；三是北与突厥和亲，南和陈朝通好，消除了后顾之忧。而北齐，却"政出多门，卖官鬻狱，唯利是视，荒淫酒色，忌害忠良。阖境嗷然，不胜其弊"。所以，576年，宇文邕亲率大军攻齐，次年正月即攻破北齐都城邺城，俘虏北齐皇帝高纬，灭亡北齐，统一北方。宇文邕灭北齐，结束了北方自北魏解体以来近半个世纪的分裂割据局面，使广大人民免受战争苦难，得以安居乐业，重建家园，恢复生产，从而促进了整个北方政治、经济、文化的广泛交流和发展，为之后隋朝统一全国奠定了基础。

正当宇文邕踌躇满志，大展宏图，致力于"平突厥，定江南"，实现全国统一之际，不幸身患重病，578年六月病逝于长安，年仅36岁，可谓"出师未捷身先死，长使英雄泪满襟"。其子宇文赟继位，即北周宣帝，军政大权逐渐落入外戚、汉族世族杨坚手中。北周孝闵帝、武帝、宣帝三位皇帝都出生于同州，即今渭南市大荔县。

北周武帝宇文邕一生勤于政事，生活俭朴，戎马倥偬，能和将士同甘共苦，身先士卒，赢得了时人和后世的广泛赞誉。唐代编修的《周书》高度评价他一生的丰功伟业和崇高风范，说他"克己励精，听览不怠""身衣布袍，寝布被，无金宝之饰""后宫嫔御，劳谦接下，自强不息""锐情教习，至于校兵阅武，步行山谷，履涉勤苦，皆人所不堪""每宴会将士，必自执杯酒，或手付赐物。至于征战之处，躬在行陈"。

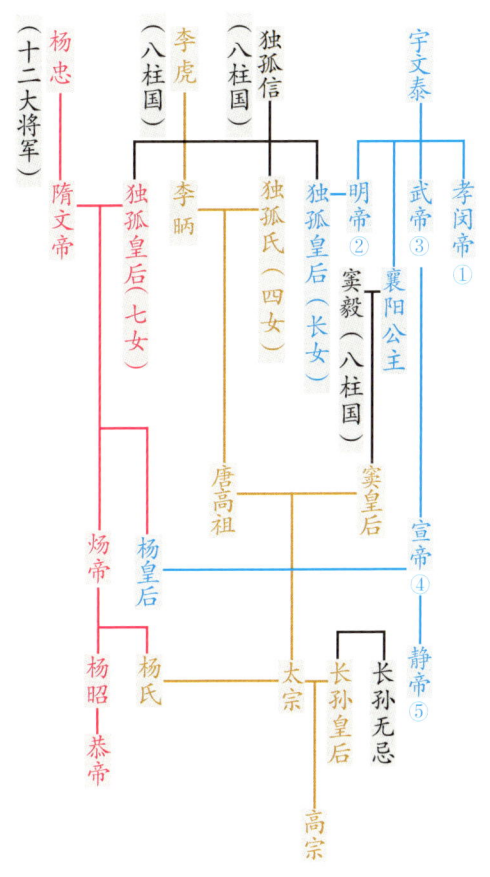

◎ 北周帝系及与西魏、隋、唐皇族血缘关系表

总之，宇文邕是魏晋南北朝时期的一代英主。他短暂的一生，政绩斐然，战功赫赫，业绩伟烈。他为后来隋朝统一全国乃至隋唐盛世的出现起到了历史的推进作用。

关陇集团，是以进入关中的北魏"六镇"鲜卑贵族为主体，联合陕西关中和甘肃陇山一带的高门望族和其他入关的胡汉大姓，结成的稳固的胡汉贵族军事集团。这一集团发端于北魏永熙二年（533），当时关中大行台贺拔岳受孝武帝密令，开始整合关陇军事力量，以对抗当朝权臣高欢。然而高欢却借他人之手，害死了贺拔岳。随后，贺拔岳的部下代郡武川人宇文泰被推举为这一集团的首领。到西魏时创建了府兵制，在府兵的顶端封了宇文泰、元欣、李虎（李渊祖父）、李弼（李密曾祖父）、赵贵、于谨、独孤信（宇文毓和杨坚岳父、李渊外祖父）、侯莫陈崇共八柱国及杨忠（杨坚父亲）等十二大将军。这些军事贵族便组成了关陇集团的核心。他们定居关中，军政合一，出将入相，胡汉杂糅，互相通婚。他们不光是军队的统帅，同时也是国家的领导核心，还是当时关中地区最显赫的二十大家族，各方面都处于社会的顶端。总之，关陇集团，是汉化的鲜卑贵族与鲜卑化汉族士族成员相互融合的产物。这一贵族军事集团，先后创立了西魏、北周、隋、唐四个王朝。直到唐高宗李治于显庆四年（659）贬谪长孙无忌后，关陇集团开始没落。

## 五、民族融合大熔炉

中国文明发展史是一部民族融合的历史，魏晋南北朝则是中国民族融合的关键时期。自东汉中叶之后，中原王朝常以招引或强制的方式，将边疆各族内迁，以便实施控制管理并增加兵源和劳动力。到了西晋时，"西北诸郡皆为戎居"，关中百万余口"戎狄居半"，大量胡族与汉族交错杂居，促成了民族大融合，在中国多民族国家的形成发展进程中具有重要的意义。魏晋南北朝时期，陕西地区是各民族角逐的中心，渭南地域作为当时的少数民族聚居区，自然也成为了民族融合的大舞台、大熔炉。

内迁各族来到关中时发展程度不一，有的还处在比较原始的部落制阶段，有的既实行本民族的部落制，又实行汉族的封建制，一个人可以在担任政府官吏的同时，又兼本民族的酋长。但总体来说，各少数民族中处境悲惨者居多，且各族之间隔阂太深，因此经常发生纷争甚至兵戎相见。据统计，十六国时期关中大仗有18次，小仗已无法统计。这种混乱情况在后期逐渐好转，好转的根本原因就在于，各民族在关中大地上受到华夏文明的熏陶。关中的各个少数民族政权，普遍学习并实行原来汉族政权的政治、经济制度，尊崇儒学，学习汉文化，或主动或被动吸收华夏文明的发展成果。由此，各少数民族跨越了许多世纪的发展差距，迅速迈进了封建社会的大门，实现了历史性的飞跃，最终完成封建化与民族大融合。

位于渭南白水县林皋镇赵家窑村的永垣陵，是十六国时期前赵国君刘曜之父刘渊之墓。刘渊（？—310），字元海，新兴郡（今山西忻州）人，汉化匈奴贵族后裔。在西晋末爆发"八王之乱"、各地流民纷纷起义反晋的浪潮中，永兴元年（304），刘渊趁乱在左国城（今山西吕梁市离石区）建立割据政权，国号为汉，追尊汉朝皇帝。刘渊所建立的汉国，是少数民族在中原建立的第一个政权，它进一步把中原推向战争和动乱，但少数民族对汉人的长期统治，客观上为各民族之间深层次的融合准备了条件。

刘曜（？—329），字永明，新兴郡（今山西忻州）人，实为刘渊的族侄。刘曜幼年丧父，刘渊收养了他并视为亲生，他亦以父事刘渊。他自小聪慧好学，气度不凡，深为刘渊赏识。跟随刘渊多年，熟知汉文经典，而且善于统兵骑射，为刘渊父子信任和重用，历任要职。建兴四年（316），刘曜攻入长安，俘晋愍帝，覆灭西晋王朝，中国北方开始进入"五胡十六国"时期。后来，刘曜平定外戚靳准叛乱，登上帝位，迁都长安。光初二年（319），改国号为赵，史称前赵。刘曜在位期间，一方面提倡汉学，推崇儒学，设立学校，注重发展文教事业；另一方面建立租赋制度，采用汉族的封建化制度，促进了民族融合。永昌元年（322）前后，刘曜迁葬其父刘渊，葬制依天子，号称永垣陵。永垣陵现存墓封土高40米，南北长340米，东西宽96米，陵寝建筑已不存。但据史料记载，当年刘曜迁葬其父刘渊时，陵寝规模宏大，耗力甚巨。一方面，刘渊养育并成就了刘曜，刘曜为了报其养育和知遇之恩厚葬其父；另一方面，由于前赵国胡汉杂居，矛盾重重，他为了化解各民族间矛盾，促进民族融合，借厚葬其父以宣扬儒家文化，尊崇儒学，

◎ 前赵永垣陵

推广同化政策，以稳固其政权统治。永垣陵对研究十六国史、少数民族史、民族融合等有重要价值，2013 年 5 月，被国务院公布为全国重点文物保护单位。

当时少数民族政权的封建化、民族大融合，其实就是少数民族的汉化，而少数民族汉化最明显的表现就是采用汉族的姓氏。出于渭南境内的前秦"邓太尉祠碑""广武将军碑"和北魏"晖福寺碑"三块碑石上的记文，是重要的证据。它们除了都是久享盛名的书法名碑外，同时也是反映少数民族姓氏演化的重要资料。邓太尉祠碑，全称"冯翊护军郑能进修邓太尉祠铭"，俗称"邓艾祠碑"，前秦建元三年（367），冯翊护军郑能进为邓太尉公（艾）祠修整时立，原存渭南蒲城县，1972 年移置西安碑林。著名民族学家马长寿曾据拓片考证集资立碑人的族别和姓名，有"杂户七千，夷类十二种"的屠各、黑白水羌、西羌、卢水胡、鲜卑、支胡、粟特、苦水等，是当地居住的内迁少数民族，其中西羌军吏为数最多，共 19 人，占所列人数 29 人的 65.5% 以上。广武将军碑，亦称"张产碑"，额书"立界山石祠"五字，前秦建元四年（368）刻，四面刻字，清乾隆年间出土，后佚，光绪年间出。1920 年在陕西白水仓颉庙重被发现，1972 年移置西安碑林。晖福寺碑，全称"大代宕昌公晖福寺碑"，北魏太和十二年（488）刻，碑阴刻有许多少数民族的姓氏，原存渭南澄城县，因当地人禁拓，故传本很少，现藏西安碑林。前两通碑上直书很多羌姓、氐姓和屠各姓，对研究十六国时期聚居渭南境内的少数民族有重要价值，也可表明十六国时的立碑者并不觉得自己姓"胡姓"有什么难为情的，甚至感到理直气壮和自豪——毕竟这要比那些没有姓的羌人强多了。但过了几十年到了北魏时，受孝文帝推行汉化改革的影响，少数民族人特别是其中的上层人物，已经开始讳言自己是"胡人"、姓"胡姓"，并且要为自己选择合适的汉姓。《晖福寺碑》碑中颂扬的宕昌公王庆时，其实就是北魏孝文帝时的高级宦官王遇。他字庆时，本是羌族，原姓钳耳，与雷、党、夫蒙一起都是羌中大姓。但他在有了较高的社会地位后，不愿意再姓羌姓了，而自称是太原王氏。太原王氏是汉族的头等高门大姓，王遇这一改姓，等于连自己的族属也都变成汉族了。虽然他的改姓得不到社会承认，当时人仍称他为钳耳庆时，但却反映了少数民族人民的汉化心理。把这几通碑石联系在一起看，它们就代表了姓氏方面汉化的不同阶段，从而真实地反映了几十年中少数民族的汉化趋势。随着时代的发展，等到王遇身后，姓钳耳的基本都改姓王，钳耳作为一个羌姓最终消失了。有趣的是，由于少数民族改姓往往选择最典型、最标准的汉姓，所以汉族大姓张、王、李等就成为各族的首选目标。这也是张、王、李等姓成为今日上亿人超级大姓的原因之一。

鲜为人知的是，北魏的这位高级宦官、汉化羌族人王遇，还是一位佛教建筑大师。他不仅参与、主持营造了举世闻名的大同云冈石窟中的两大窟，而且还在自己家乡冯翊李润镇的故宅之上修建了华丽壮观的晖福寺，为佛教建筑和佛教文化的发展作出了突出的贡献。王遇（443—504），字庆时，本名他恶，北魏冯翊李润镇（北魏在关中的军事重镇，今渭南市澄城县北寺村）人。原姓钳耳，后改姓王氏。王遇天资聪颖，尤其擅长建筑营造。后来因事被处腐刑，入宫做了宦官，侍奉恭谨、心思灵巧的王遇深得当政的冯太后信任，官至散骑常侍、安西将军，进爵宕昌公，是当时少数晋封王公的宦官之一。笃信佛教的冯太后为了祈福，在都城平城（即今山西大同）广建佛寺、石窟，命王遇主持设计并监工营造了崇福寺。据考证，崇福寺就是今云冈石窟的第九、第十两窟。这两窟在云冈石窟中气派宏大，其建筑构思严谨细密，美轮美奂，人物造型华美飘逸、形象生动，充分体现了史书上所称赞的王遇"穷妙极思"的风格特点。王遇也注重将外来的石窟形式与中国传统建筑艺术巧妙地结合在一起，反映了石窟艺术中国化的趋向。

◎ 云冈石窟第十窟（局部）

此外，王遇还设计并监造了旧都平城方山上的佛教寺院、民居建筑和冯太后陵庙，以及新都洛阳的太极殿、东西两堂、内外宫门城门、马射坛殿等大型建筑。郦道元在《水经注·漯水注》中描写道："平城东郊外，太和中阉人宕昌公钳耳庆时立祇洹舍于东皋，椽瓦梁栋、台壁棂陛、尊容面相及床坐轩帐，悉青石也，图制可观。"这类用石料雕成的洹舍石室、家具陈设等仿木结构建筑艺术，正是王遇独步天下的建筑风格，也是北魏太和年间特有的建筑形式，在中国古代建筑史上具有重要的地位。

在设计建造皇家建筑的同时，王遇也在故乡冯翊李润镇留下了当时闻名天下的佛教建筑。据《晖福寺碑》记载，太和十一年（487），为了给号称

"二圣"的冯太后和孝文帝歌功颂德，粉饰太平，王遇舍家为寺，在故宅之上为冯太后和孝文帝各造了三级佛塔和寺院。王遇重视建筑与周围环境的协调，其崇基重构如波浪迭起，台榭楼阁似林木相连，翠林清流取自然山水，将佛教寺院与家族园林融为一体，具有极高的艺术水准。而建造晖福寺之时，云冈两石窟（第九、第十两窟）尚未完工，孝文帝又在洛阳大兴土木之时。王遇作为三处工程的主要设计监修者，不辞劳苦，奔波于关中、平城与洛阳之间，"跨鞍驱驰""朝

◎ 北魏《晖福寺碑》拓片

此碑是北魏太和十二年（488）在李润镇建成晖福寺后所立。高294厘米，宽90厘米。碑文为楷书，内容记述王庆时监修寺院的经过和寺院豪华壮观的情景。该碑阴刻有许多少数民族姓氏，是研究古代少数民族在渭南地域的分布、民族关系等的重要资料，也是北魏遗留书法中非常著名的碑刻

夕不倦",有时还亲自动手,"与少壮者均其劳役"。北魏孝文帝统治后期,王遇因宫廷斗争的牵连,被罢官为民。宣武帝即位后,又起用王遇为将作大匠,拜光禄大夫,几年后王遇死于任上。

少数民族复姓简化汉化的方法是多种多样的。一种最普遍的方法就是在原来复姓的基础上,减去一个或几个复音的字,留下一个汉姓中比较常见的单音字,作为简化的单姓。这种方法在唐以前的几百年,北魏孝文帝简化代鲜卑复姓为单姓的很多。可能是因为在原来复姓内找不到一单字与当时关中流行的汉姓相同,于是产生了另一些方法:一种方法是舍弃了复姓中的任何一字,只取一音同或音近的汉姓作为他们的单姓;另一种方法是并无音与意的根据,以某些偶然的理由,取汉姓中的一个单姓作为他们的姓氏。

**渭南境内少数民族姓氏汉化举例对比**

| 少数民族原姓氏 | 少数民族姓氏汉化后 |
| --- | --- |
| 昨和 | 和 |
| 屈男(屈南) | 屈 |
| 罕开(罕井) | 井 |
| 同蹄 | 同、周 |
| 钳耳 | 王 |
| 黨 | 党 |
| 弥姐(弥且) | 弥 |
| 夫蒙(不蒙) | 蒙、马 |

古代少数民族聚居的村落,村名与姓氏大体上是一致的。少数部族的村落是按村里居住的少数民族的姓氏而命名的。少数民族姓氏的汉化,也导致少数民族聚居的村落名称的变化。

### 渭南境内少数民族聚居的村落名称汉化举例对比

| 少数民族聚居的村落原名称 | 少数民族聚居的村落汉化后名称 |
| --- | --- |
| 罕井 | 井儿村、北井头、 |
| 夫蒙（不蒙） | 蒙家、蒙家坡、扶蒙村、东蒙寨 |
| 党 | 党家河、党家、北党湾、党家堡、党家村 |
| 同蹄 | 同家注 |
| 昨和 | 和家楼 |
| 屈男 | 屈家、屈家堡、 |
| 钳耳 | 南乾耳、小北乾耳 |
| 弥姐 | 弥家 |

东、西魏抗衡时期，西魏能迅速扭转劣势、由弱变强的主要原因，是西魏的实际统治者宇文泰实行了汉化改革。宇文泰虽祖籍代郡武川（今属内蒙古），是鲜卑人，但却是当时军人中不太多见的汉化积极提倡和推行者。为了强国富民，他给出身关中名门望族的苏绰（汉代苏武之后）委以大权，雷厉风行地进行了一系列汉化改革。在中国历史上起过重大作用的均田制，在关中得到广泛的推行，成了西魏、北周经济发展的重要原因，也成为后来隋唐两代的基本经济制度；而与均田制相辅相成的府兵制，则首先在关中地区推行，对西魏、北周建立强大的军事力量以及对后代的军事制度都有极大的影响。这些改革，大大加深了鲜卑族的汉化程度，有力地促进了关中地区的民族融合和社会经济发展。

到了北周、隋代时，陕西关中地区的少数民族汉化已彻底完成，汉族高门大姓娶胡人血统女为妻已没有什么禁忌，反之亦然，所以杨忠、李昞（李渊之父）同娶独孤氏（原为鲜卑族）姐妹为妻；少数族血统之人与汉族一样可任大官，大家明知血统不同，但此时共称汉族，再区分已没有什么意义，实际上也很难区分，北周时就连最高统治者宇文氏的族属也考察不清了。

唐代以后,当年的"五胡"几乎全部从中原的历史中消失。从今天关中地区很多姓氏看,尽管有不少确实曾经是胡姓改汉姓,但姓这些姓的人却早已是汉族了。如果不知就里,从姓氏上很难再看出他们的族属。

总之,进入关中的各少数民族逐渐加入汉族,这如同大量新鲜血液的注入,使汉族变得充满生机而朝气蓬勃、奋发向上,有了崭新的精神风貌。民族关系的这种变化,是一种有积极意义的、影响深远的社会大变革,在当时有着充分的历史必然性。继魏晋南北朝而起的隋唐时期,是中国封建社会的黄金时代,华夏民族以前所未有的精神与魄力,实现了新的腾飞,重新成为在政治、经济、文化等各方面全面领先当时世界的民族。而魏晋南北朝时期,以陕西为中心的各民族间战乱与交流、开放与融合,正是这种腾飞得以实现的转折和前奏。

## 伍

### 盛世英杰 山陵巍峨

隋唐时期的渭南

# 第五章 盛世英杰 山陵巍峨——隋唐时期的渭南

581年,弘农华阴人杨坚建立隋王朝,接着平定天下,结束了西晋末年以来的分裂割据、南北对峙局面,统一了中国。618年,李渊建唐,唐承隋制,开放包容,国力强盛,达到了中国古代社会发展的高峰。帝都畿辅渭南,由此进入了一个相对安定和平的发展时期,政治稳定,经济繁荣,文化灿烂,交通发达,英杰辈出,并且以其山川形胜,成为大唐帝国的陵寝龙脉所在。

**一、弘农杨氏平天下**

弘农杨氏,也称华阴杨氏,汉代以来就是名门望族。"弘农杨氏"是杨姓中的贵显家族,其家族的发达,始自西汉丞相杨敞。杨敞的玄孙杨震在东汉时官居太尉,人称"关西孔子"。"天知,神知,我知,子知,何谓无知?"的"四知"典故,就来源于这位"清白吏"。其子杨秉、孙杨赐、重孙杨彪均官至宰相,号称"四世三公"。杨氏家族亦以"四知"为堂,以"清白传家"为额。汉魏弘农杨氏家族用他们的高风亮节,为从政者筑起一道风范。杨氏家族在魏晋南北朝时满门勋贵,成为北魏政权中地位最为显赫的世家大族之一。从"西晋三杨"(杨骏、杨珧、杨济),到北魏杨播兄弟,无不是显赫一时。隋朝的建立,更使得这个家族成为天下望族之首。

隋朝开国皇帝杨坚,祖籍弘农华阴(今渭南华阴市、潼关),东汉太尉杨震的第十四世孙,西魏大统七年(541)出生于冯翊(今渭南市大荔县)般若寺,是柱国大将军家的贵族公子。他何以叱咤风云、扭转乾坤,使得北周随了"隋"姓?家族的优良遗风和传习,给了杨坚强大的思想根基,同时,父辈建功立业的经历,也让他更清楚地认识到自己的担当和使命。

◎ 北魏"杨氏世世吉昌"铭文砖

杨坚之父杨忠，曾随北周太祖宇文泰在关西起兵，是西魏、北周开国功臣，曾任同州刺史，拜大司空、柱国大将军，封随国公。由于父亲的功勋，杨坚15岁时就被西魏朝廷授予散骑常侍、车骑大将军、仪同三司等职，封爵为成纪县（今甘肃静宁县西南）公。16岁时，北周朝廷将他官迁骠骑大将军、加开府。当年，又授职为右小宫伯，进封大兴郡（今陕西定边县）公，又出任随州（在今湖北随县）刺史，进位大将军。北周天和元年（566），杨忠去世，杨坚承袭其父爵位，为随国公。建德二年（573）九月，北周武帝宇文邕将杨坚长女杨丽华纳为皇太子宇文赟的妃子。宣政元年（578），周武帝病故，太子宇文赟继位，即北周宣帝。当年六月，立杨丽华为天元皇后，任杨坚为上柱国、大司马。次年初，杨坚又转任大后丞、右司武，随即升大前疑（丞相）。

北周宣帝生活奢侈，有五位皇后，杨丽华年长色衰，逐渐失宠。宣帝甚至曾怒气冲冲地对杨丽华说："我一定要灭掉你们全家！"加之，当时人们认为杨坚的相貌是"五柱入天"，为"龙颜""反相"，宣帝遂对其非常疑忌，欲杀之。在这险恶的境况中，杨坚韬光养晦，不漏锋芒；同时广交深结，以求保全。大象二年（580），杨坚为了避祸，请友人内史上大夫郑译向朝廷进言，准其前往扬州任职。后宣帝因病卧床不起，杨坚见事有转机，决定借故暂不离京，留观局势发展。宣帝驾崩，宇文阐继位，即北周静帝。静帝年幼（时年8岁），黄口小儿难以服众，于是在诸大臣的帮助和拥戴下，杨坚逐渐总揽朝政，掌握内外诸军事。不久，又任左大丞相，总揽国政。杨坚揽政后，不断巩固和扩大自己的权力，并伺机策划禅代。大象二年（580）十二月十三日，周静帝下诏，授杨坚随王爵。次年（581）二月十四日，在随王宫门外，举行"禅代"大典，周静帝宣读了"祗顺天命，禅位于随"的诏书。一个新的朝代由此开始了。因杨坚是随王，朝代名拟称"随"。

然"随"字带"辶","辶"暗含"走"之意,不吉利,遂决定采用"隋"字。

杨坚作为隋朝的缔造者,在位期间,为巩固政权,加强中央集权,首先废除"六官制度",在中央行政机构中实行"三省六部"制。该制度的确立,标志着内史省、门下省和尚书省一样成为国家中央级的行政机构,由中书发布皇帝诏令,门下负责封驳,尚书负责执行的行政分工体系已经形成。这是重大的行政体制改革,为以后的唐朝所继承。三省即尚书省、中书省、门下省,六部即尚书省下的吏、礼、兵、都官、度支、工六部。中书制诏令,门下评议国政,尚书具体执行。由于杨坚之父名忠,他为避父讳,将中书省改称内史省,将侍中(门下省长官)改称纳言。在地方行政机构方面,魏晋南北朝都是州、郡、县三级,隋初也实行。后来大臣杨尚希建议"存要去闲,并小为大",使国家可以增加收入,选官也易得贤才。杨坚采纳,于开皇三年(583)下诏,废除郡级机构,改为州县两级制。减少了一些行政机构,裁汰了一批冗官,节约了一笔开支,提高了行政效率。

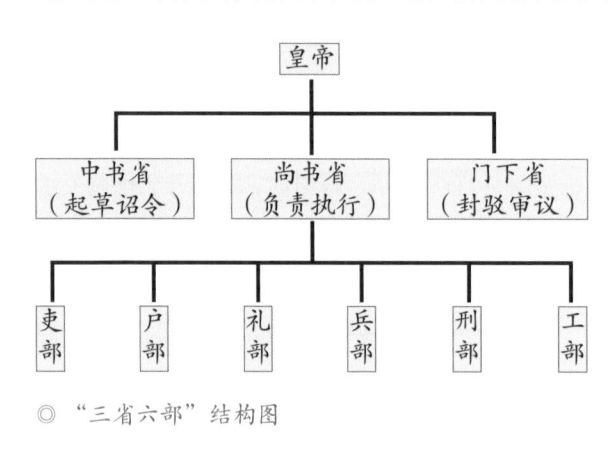

◎ "三省六部"结构图

其次,废除了魏晋南北朝时期的"九品中正制"。该制度的废除,从一定程度上消除了士家大族在封建国家官僚体制中的垄断地位,削弱了"上品无寒门,下品无士族"的现象。同时,诏令将这些自行提拔的属官全部改称乡官,不入官品,不理政事,另外设置品官,全由吏部任命。开皇十五年(595),杨坚又下令免掉州县的乡官。隋朝各级地方官的属官全由朝廷委任，传统的辟举制度被废除，同时初步实行开科举人的科举制。这一制度改善了之前的用人制度，彻底打破了血缘世袭关系和世族的垄断。"朝为田舍郎，暮登天子堂"，部分社会中下层有能力的读书人进入社会上层，获得施展才智的机会。科举制度在以后的历朝相继沿用，并逐步完善，成为中国古代通过考试选拔官吏的一种基本制度。

再次，制定了《开皇律》。新律颁布时特下一道诏书，曰"以轻代重，化死为生"。《开皇律》的颁布，标志着中国封建社会的法律趋于成熟，奠定了以后历朝刑律的基础。加强军事制度建设，重整军事制度，将军人的户籍重新归入州县民籍，改变了兵农分理的旧制，结束了兵农分离的现象，实现了兵农合一。在北方，杨坚令驻防边关的军队实行大规模的军事屯田，亦兵亦农。这一改革，为唐府兵制走向成熟奠定了基础。

政权初步稳固，隋文帝又采取了一系列措施发展经济。首先，在先朝均田制的基础上重新颁布了均田法，限制了田地占有最高限额及地主贵族的土地兼并。其次，将均田与税收紧密结合，使农民的租调负担得以减轻。最后，实行"大索貌阅"和"输籍定样"解放生产力，增加赋税。"大索"是由官府检查隐匿户口。"貌阅"是官员据户籍上对每人年貌形状特征的记载，当面进行核对检查，以查出那些隐瞒年龄、逃避赋役的人。"输籍定样"是由朝廷制定百姓输课的标准样式，其中包括人户等级高低的计量办法、赋役的定额及减免等，并将这些标准颁布各州。据《隋书·食货志》载，"每年三月五日，县令巡人，各随便近，五党三党，共为一团，依样定户上下"。通过以上措施，使国家增加了农业劳动力和赋调收入。同时兴修水利，开凿修建广通渠和疏浚山阳渎（古称邗沟）；未雨绸缪，解决京师仓廪储备问题等。杨坚所采取的一系列得力措施，使得隋朝的经济很快发展了起来。

隋朝建立之初，仍有多股残余势力跃跃欲试，扰乱安定，杨坚在强国和强军的同时，经过10年的时间，平定了突厥的侵犯、灭掉了南北朝时期的后梁及陈两个朝廷，同时平定了南方的五岭地区和江南的叛乱，结束了中国自西晋以来的分裂局面，统一了全国，使社会安定，生产力发展，也为大唐盛世的来临奠定了基础。统一全国，这是杨坚对国家的贡献。当上皇帝，则是杨氏的荣光。隋文帝杨坚既是关陇集团的精英人物，也是渭南华阴"弘农杨氏"的代表人物。

到了隋炀帝杨广（569—618）时期，他继承父亲建立的基业，命人对《开皇律》加以修善，颁布新律《大业律》。同时完善了三项制度，即在官制方面，改内侍省为殿内省，与尚书、门下、内史、秘书并为五省。尚书省各曹原有侍郎36人，改为吏、户、礼、兵、刑、工六曹，各置侍郎1人，以副尚书。在行政建置方面把隋文帝时的废郡留州，变为改州成郡，郡置太守，成为郡县两级制。又设司隶台，派刺史14人巡察畿外诸郡。加强了对地方官员的监督力度。在科举制度方面，将隋文帝创立的分科举人并通过考试取士的科举制度加以发展强化，使之逐渐制度化、规范化。隋炀帝好读书，重视典籍的整理与收藏，善写文章，称帝前后近

◎ 隋代陶俑

20年，修撰书籍从未中断。他命人修撰的书籍内容涉及诸多方面，共成书31部，17000余卷。隋炀帝也非常重视教育，大业元年（605），诏令恢复了被隋文帝撤销的国子监（最高学府），曾被撤销的四门学（小学）和州学、县学也相继恢复。

为了满足南北经济特别是江淮、河北地区的经济发展和南北物资交流的迫切需要，同时为加强对东南和东北地区的控制，搭建一条贯通南北的运输线，隋炀帝遂下诏，开凿大运河。在大约6年时间内，以洛阳为中心，北起涿郡（今北京地区），南至余杭（今杭州地区），长240余千米的大运河开通了，解决了南北航运问题，对军事运输及繁荣经济都有巨大的推

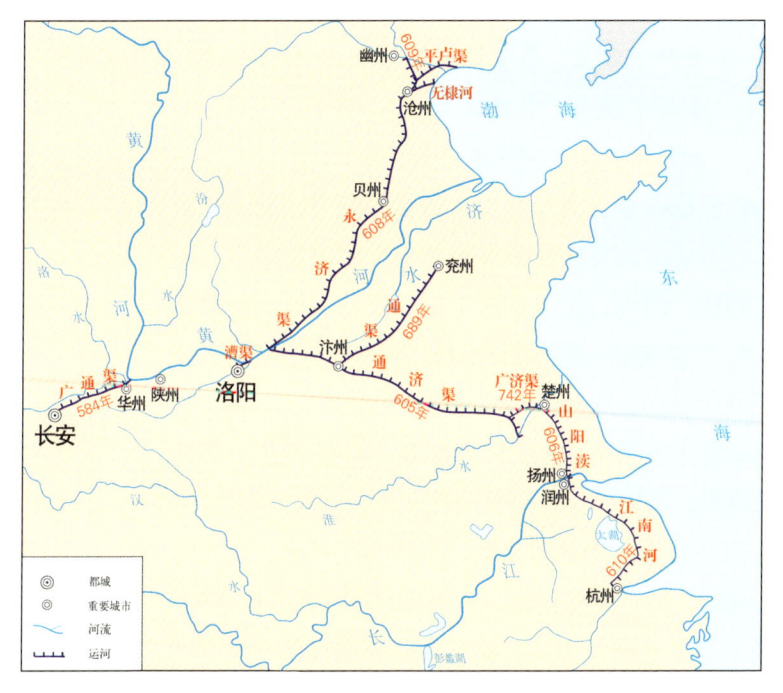

◎ 隋大运河分布图

动作用。

杨广乃隋文帝杨坚次子,隋朝第二位皇帝,公元604年由权臣杨素协助登基。杨广雄才大略,励精图治,开疆拓土,屡建功勋,然奢靡无度、滥用民力、好大喜功、穷兵黩武,终致义军蜂起,叛乱不断,于兵变中被勒死,终年50岁,堪称中国历史上的传奇皇帝。

隋炀帝诗作:

>　　云中受突厥主朝宴席赋
>
>　鹿塞鸿旗驻,龙庭翠辇回。
>
>　毡帐望风举,穹庐向日开。
>
>　呼韩顿颡至,屠耆接踵来。
>
>　索辫擎膻肉,韦鞲献酒杯。
>
>　如何汉天子,空上单于台。

隋炀帝杨广成就帝业,离不开权臣杨素的倾力相助。杨素(544—606),字处道,汉族,弘农华阴(今渭南华阴市、潼关)人。隋朝权臣、诗人,杰出的军事家、统帅。他出身北朝士族,北周时任车骑将军,曾参加平定北齐之役。他与隋文帝深相结纳,且为文帝所器重,是他辅助杨坚夺取并巩固了政权。杨素自幼志向高远,不拘小节。对古代典籍"研精不倦,多所通涉",擅长草隶,文思俱佳。他不仅有文才,亦有武将之风,好骑马射箭、领兵打仗。杨素乃北周、隋朝两代名将。北周时即战功卓著,并辅佐杨坚建隋称帝。入隋后,在攻灭江南陈朝、统一全国的战争中立下汗马功劳,拥立杨广夺取皇位,率军反击突厥入侵,并主持营建东都洛阳,为隋朝的建立和走向大治作出了重要贡献。

　　杨素所处的时代，是经过魏晋南北朝时期民族大融合已渐近尾声的时期，各少数民族人民无论在经济生活、文化语言、风俗习惯等方面，都已经和汉族基本统一化了。毋庸置疑的是，几个世纪以来，非汉族所占的政治和社会的支配地位给中国北方的社会和制度带来很深的影响。各个外来统治集团的贵族经常与传统中国社会精英联姻。特别在西北，出现的两个贵族集团所形成的社会精英与传统中国的统治阶级迥然不同。这两个集团，一为山西中部和北部的代北贵族，一为其权力基地在山西西南、陕西和甘肃的更强大的关陇贵族。关陇贵族集团基本上是军人集团而不是文人精英，他们彪悍善骑，崇尚武力。杨素因出生地就在弘农华阴，从地缘关系来讲，很自然地归于关陇这一系中。所以杨素也算是关陇集团的杰出代表人物之一。

　　杨素墓志，全称"大隋纳言、上柱国、光禄大夫、司徒公、尚书令、太子太师、太尉公、楚景武公墓志铭并序"。据了解，杨素墓志于20世纪50年代末就已出土，是当地农民在平整农田时于渭南市潼关县吴村乡亢家寨村发现的，后来一直放置于生产队饲养室内。1980年潼关县文管会在普查历史文物时发现。杨素墓志的发现，不但解答了杨素生年和享年的疑案，补充完善了史书的一些记载，同时也证明杨素墓出于虞世基之手等史实，为后人的研究提供了可靠的依据。

　　即使隋朝灭亡后，唐朝的"李武韦杨"四姓联姻政治集团中的杨姓"十一宰相"、唐太宗杨妃、武则天之母杨氏、唐玄宗杨皇后、杨贵妃及众多的杨氏驸马等，处处昭显着这个关西

◎ 杨素墓志拓片

第一望族的无限辉煌。而宋代满门忠烈的杨家将，更是可歌可泣！渭南历史上曾出过 80 多位宰相，其中有一半宰相来自弘农华阴，而又以杨姓宰相占了绝大多数。弘农杨姓经过 2000 多年的繁衍生息，至今已发展到拥有 7000 多万人口，是名列百家姓前列的千古望族。

## 二、"出将入相"张仁愿

张仁愿（？—714），本名仁亶（音同"胆"），因睿宗名旦，"亶"与"旦"音近，为避帝讳，改名仁愿。唐下邽县（今渭南市临渭区）人，唐代著名的军事家、政治家。张仁愿出身于农家，自幼习文练武，通策论，一生经历了武则天、唐中宗、唐睿宗、唐玄宗4位皇帝。被当时人称为具有文武全才的四位宰相（李靖、郭元振、唐休璟、张仁愿）之一。

永淳二年（683），唐高宗去世。武则天先后立李显和李旦为皇帝，然而两人皆不中武后之意。于是，她废中宗李显，软禁睿宗李旦，并以太后名义临朝执政。经过镇压徐敬业、李贞和李冲两次兵变，全国恢复了安宁。武则天的统治得到巩固后，对权力的欲望愈发强烈。载初元年（689）九月，武则天自称"圣神皇帝"，改国号为"周"，改年号为"天授"，成为中国历史上唯一的女皇帝。武则天广开仕途，采用科举和自举的办法，广纳良才，张仁愿就是由此通过武举，中了进士，被选为殿中侍御史。

◎ 唐三彩武士俑

为进一步巩固政权，排除异己，武姓之人多封王，李姓及反武之士多流放边陲。更有献媚之辈联名请求立武则天之侄武承嗣为太子，并要求群臣署名支持。张仁愿宁死不与其同流合污，拒不签字，因此触怒了武周权贵，贬为武威军监军。即便如此，张仁愿依旧不改本色，为人刚直不阿。万岁通天元年（696），靖边军监军、监察御史孙承景作战回京后，向武则天谎报自己如何在乱箭石雨中冲锋陷阵，身先士卒。武则天大悦，晋升其为右肃政台中丞，并令张仁愿前去论功行赏。张仁愿录叙其功绩，在查问其破敌获胜的详情时，破绽百出，张仁愿如实奏闻武则天，弹劾其欺君罔上。武则天盛怒之下，削其官职，并以张仁愿代理其职务。

　　武周时期，突厥政权分裂，立帐于内蒙的默啜可汗，在万岁通天元年（696），助唐大败契丹，被封为"特进颉跌利施大单于报国可汗"，并许河曲六州突厥降众以及种子、农具、铁等，助其发展生产。圣历元年（698），默啜可汗上表，尊武则天为母并为自己的女儿求婚于唐，以示和亲。武则天欣然应允，谁料默啜可汗心怀叵测，乘机囚禁了前往迎亲的武延秀，发兵入侵河北，攻克赵州、定州，掠走人口8万余人。

　　武则天令幽州都督张仁愿等将，发兵30万征讨突厥军，又以左羽林卫大将军阎敬容为天兵西道后军总管，领兵15万为后援。突厥军掳掠赵、定二州后北撤，张仁愿率幽州军截击。神龙三年（707），突厥军自内蒙古越过黄河，进入今陕西北部，打败朔方军总管沙吒忠义。唐中宗令张仁愿以御史大夫身份，代替沙吒忠义指挥前线，此时正值突厥军撤退北归。张仁愿便

第五章　盛世英杰　山陵巍峨——隋唐时期的渭南

率军跟踪追击，夜间袭营，终将突厥军撵过黄河，隔河对峙。张仁愿暗查发现突厥内部火并，便奏请乘虚夺取大漠南部地区，于黄河北面修筑三座受降城，首尾相应，以断绝突厥南侵的道路。此举受到宰相唐休璟的反对，然而，张仁愿始终坚信自己的决断，反复奏明筑城利在保卫边境，并表奏保留服役期满镇兵以助其功，终于得到唐中宗准许，遂于阴山东城直对黄河之间建立了三座边城。依"汉制"，取名为"受降城"，以浮云祠为中城（今内蒙包头市西北五原县），向南直对朔方；西城在丰州西北80千米（内蒙杭锦后旗乌加河北岸）直对灵武（今宁夏银川一带），东城约在今内蒙托克托南直对榆林，三城相距各200千米。设立烽火台1800所。从此以后的几十年间突厥人不敢过山牧马，使唐王朝的北方边境取得了相对的安宁，实现了"不教胡马度阴山"的夙愿。

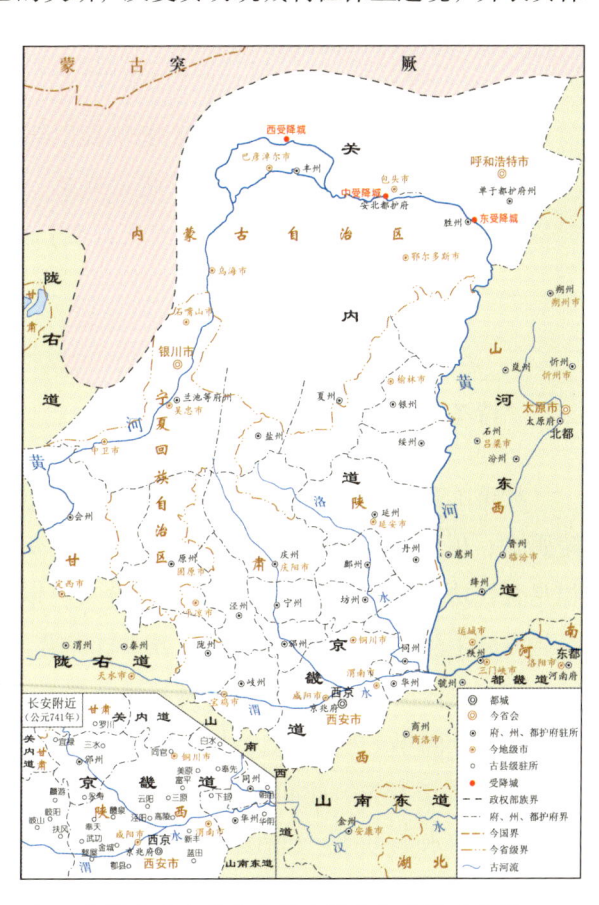

◎ 三受降城遗址（今内蒙古境内）位置示意图

军中杂歌
南宋　陆游
三受降城无壅城，贼来杀尽始还营。
漠南漠北静如扫，清夜不闻胡马声。

**"三贤故里"**

陕西省渭南市临渭区下邽镇，位于临渭区北部，是临渭区重要乡镇，陕西省重点建设城镇。因唐代名将张仁愿、大诗人白居易和北宋名相寇准或出生于此，或在此地长期生活，素有"三贤故里"之称。

## 三、"诗圣"名篇出渭南

杜甫（712—770），字子美，世称杜少陵、杜工部、杜拾遗等，自号少陵野老，生于河南巩县，祖籍在京兆杜陵（今陕西西安）。杜甫的十三世祖是晋代功名显赫的杜预，祖父为初唐诗人杜审言，父亲杜闲。杜甫20岁起，开始漫游生活，足迹遍及吴、越、齐、赵、梁、宋，游历了许多名山大川，写下了不少传世佳作，其中一些是与渭南有关的。

天宝十四年（755）秋，杜甫从长安去奉先(今渭南市蒲城县）、白水，并安置家属于奉先。此间，写下了《沙苑行》《白水明舅宅喜雨》《九日杨奉先会白水崔明府》《桥陵三十韵因呈县内诸官》等诗。而后，返回长安，任左卫率府胄曹参军。寒冬之际，返回奉先，沿途见闻，勾起了杜甫对自身经历及家庭遭遇的感慨，遂作《自京赴奉先咏怀五百字》，也因此为我们留下了"朱门酒肉臭,路有冻死骨"的千古名句。

　　第二年,杜甫来往于白水、奉先、鄜州(今陕西富县)一带,迁家眷于鄜州羌村。同年初夏,杜甫从奉先到白水。六月,安禄山率叛军攻陷长安,唐玄宗逃至四川,唐肃宗在灵武即位,杜甫在追随肃宗途中被抓,并送往沦陷后的长安。至德二年(757)夏,杜甫再次追随肃宗,逃出长安,赶往凤翔。他衣衫褴褛地拜见肃宗,肃宗授他左拾遗。同年秋,杜甫回家探亲途中,路过白水,作《彭衙行》,追述上年去鄜州路过白水的景况。同年冬,唐军收复长安,肃宗返京,杜甫也携家属归京。您或许会问,杜甫为何矢志不渝地追随着当朝的统治者?不难理解,杜甫一生历经唐玄宗、肃宗、代宗三个皇帝。杜氏家族,自晋至唐,历代都有人做官,因此对杜甫来说,"奉儒守官"的思想自然是根深蒂固了。

　　乾元元年(758),杜甫到任华州,写下了《题郑县亭子》和《瘦马行》等诗,抒发仕途失意、世态炎凉、奸佞进谗的愤懑之情。当讨伐叛军的镇西北庭节度使李嗣业的兵马路过华州时,他写下了《观安西兵过关中待命二首》,表达了自己的爱国情怀。乾元二年(759),唐军与叛军大战邺城失利。为增补兵力,朝廷下令强行抓人充兵,百姓苦不堪言。

◎ 唐三彩载物骆驼俑

杜甫由洛阳探亲返回华州任所时,在潼关目睹了这一痛苦惨状,写成了"三吏""三别"的组诗。由于杜甫的作品多反映安史之乱时期的兴衰之变,所以人称其诗作为"诗史"。

"三吏":《新安吏》《石壕吏》《潼关吏》
"三别":《新婚别》《无家别》《垂老别》

杜甫生活的年代是大唐开始由盛转衰的时代。他在安史之乱前来到了长安,本欲考取功名,报效朝廷,然因奸相李林甫嫉恨有才之人,搅黄了科举考试,使其报国无门、闲居长安数年。此间,他亲眼目睹了权贵的豪华奢侈和贫苦百姓的饥寒交迫,于是以诗歌的形式控诉社会的阴暗面,为百姓鸣不平。天宝十四年(755)爆发的安史之乱不仅是唐朝的转折也是杜甫人生转折的关键。杜甫在渭南活动期间,正值安史之乱爆发,他亲身经历了唐朝由盛转衰的历史,山河破碎,黎民涂炭,因此,他的诗歌多表现战乱动荡背景下的民间疾苦。

◎ 唐白衣彩绘红陶啃蹄马
土于渭南市富平县美原镇索西村的唐墓中,红陶质,马通体饰白彩,丰胸肥臀,健硕有力,垂颈俯首作啃蹄状,怡然自得,造型静中有动,栩栩如生

## 四、"再造唐室"郭子仪

郭子仪（697—781），唐华州郑县（今渭南市华州区）人。在玄宗、肃宗、代宗、德宗四朝为将相，封汾阳郡王。著名军事家、政治家，唐中兴名将。曾平定安史之乱、智退吐蕃、单骑见回纥。肃宗赞誉其："吾之家国，由卿再造"，德宗尊其为"尚父"，称他为"四朝柱石"。那么，郭子仪如何力挽狂澜，解唐王朝半壁江山之困？如何做到"权倾天下而朝不忌，功盖一代而主不疑"？又是如何在自己60余年的铁骑生涯中游刃有余、善始善终的呢？

在平定安史之乱时，郭子仪审时度势，避实就虚，向叛军后方出击，切断其前后方之间的联系，使叛军陷入首尾不能相顾的被动局面。十二月，又率朔方军出单于府（治所在今内蒙古和林格尔县西北土城子）沿黄河东进，先后收复了云中（今山西省大同市）、马邑（治所在今山西省朔县），东陉关（今山西代县东北胡峪山上）等10余郡。玄宗晋封郭子仪为御史大夫。天宝十五年（756），叛贼安禄山在洛阳自称大燕皇帝，并指使史思明攻占要地。唐玄宗命郭子仪回朔方，招兵买马，收复洛阳。郭子仪力荐李光弼为河东节度使，二人里应外合、内外夹击，并占据有利地势，一面依托深沟高垒，据险坚守，一面采取"敌来则守，敌去则追，白昼扬兵，夜袭其营"等作战方法，唐军大获全胜，史思明兵败，丢盔弃甲，仓皇逃窜，回了博陵。正当河北各郡百姓欢呼鼓舞之时，唐军却传来哥舒

◎ 唐彩绘骑马俑
渭南蒲城县惠庄太子墓出土

翰兵败丢失潼关的消息，形势急转直下。

天宝十五年（756）夏，唐玄宗逃至四川，长安陷落。李亨在灵武即位，称肃宗，为收复长安，任命郭子仪为朔方军节度使。数月内，郭子仪先后被任命为兵部尚书、司空、尚书左仆射，此间，共破敌军10万余人，城复收京。之后，又率部与回纥军合力，将叛军安庆绪逼出洛阳，退守相州，收复洛阳。郭子仪先后收复了两京，唐肃宗再次加封其为司徒，封代国公，称"国家再造，全靠卿的力量啊！"然而，在继续讨伐安庆绪的过程中，由于唐军各部不相统属，加之宦官鱼朝恩从中作梗，邺城失守。鱼朝恩诽谤郭子仪，将邺城战败之责全部归罪于郭子仪。唐肃宗听信谗言，免去其朔方节度使、诸道行营元帅职务。

宝应元年（762）四月，代宗即位，郭子仪重返朝廷，被任命为朔方、河中、北庭、潞、仪、泽、沁诸州节度行营兼兴平、定国副元帅，充本管观察处置使，进封汾阳郡王，出镇绛州（治所在今山西新绛县）。这时，郭子仪虽已66岁，仍毅然从命。一到绛州，便果断地擒杀了乱兵王元振等数十人，稳定了局势。八月，郭子仪入朝，宦官程元振疑忌老将难以驾驭，在代宗面前数次诋毁郭子仪。郭子仪知道代宗受程元振控制，便上书请求解除职务。他说："臣

◎ 明，韩城大禹庙《郭子仪单骑见回纥》壁画

的功德像蝉翼一样薄，命比鸿毛还轻。臣为唐朝的强大披星戴月，南征北战。东西十年，前后百战。天寒剑折，溅血粘衣。野宿魂惊，饮冰伤骨。跋涉难阻，出没死生。请陛下相信臣对唐朝的一片忠心。"宝应二年（763），叛军最后一支残余力量史朝义不敌雍王李适与郭子仪之势，逃亡莫周，自杀身亡，部将缴械投降，安史之乱得以平息。安史之乱是大唐由盛转衰的关键节点，郭子仪面对异族外侵、国家分裂、民族危急的局面，系天下安危于己身，力挽狂澜，平叛御辱，维护了国家的统一。

安史之乱之时，郭子仪已近花甲之年，然而从他 8 年的作战指挥中，

◎ 明，韩城大禹庙《郭子仪寿宴图》壁画

我们不难看出他的英明神武和老当益壮，战场上的他依旧是一位杰出的"青壮年"作战首领。郭子仪临危受命、因功晋封，此间，也因奸人诋毁无辜被贬，但他始终进而不骄，退而无怨，矢志不渝，忠心耿耿，为国为民。

汾阳王赞

唐　李白

忠武英声振德威，恩光荡荡古今稀。

八男受爵黄金印，七婿封官碧紫微。

半壁宫花歌宴罢，满床牙笏肃朝归。

应知积庆源流远，自有云礽拜锁闱。

唐朝时，华州郑县（今渭南市华州区）出了两位赫赫有名的军事将领：一个是郭子仪，还有一个便是王忠嗣。王忠嗣本名训，华州郑县人。唐中宗神龙元年（705）出生于将门之家，其父王海宾曾任丰安军使，以骁勇著称，后与吐蕃作战时牺牲。王忠嗣时年9岁，唐玄宗以其父死于国事，将他收养宫中，并赐名"忠嗣"。他虽然比同乡郭子仪小8岁，但建功较早，37岁就任朔方节度使，41岁兼任朔方、河东、河西、陇右4个镇的节度使。唐玄宗时，为了加强防御，在边疆地区设立了10个军镇，也称方镇。每个军镇设置一个节度使。节度使起初只管军事，后来兼管行政和财政。当时唐王朝禁卫京师的部队不过6万人，而边疆的10个节度使共拥兵49万。王忠嗣一人兼任4个节度使，身佩4枚将印，这在唐朝建立后是从未有过的。然而，天妒英才，天宝八年（749），王忠嗣得急症去世，终年45岁。

郭子仪一生经历了7位皇帝，在玄宗、肃宗、代宗、德宗4朝为将相，前后共60余年。其中有20多年系天下安危于一身，为唐朝的统一和社会的安定作出了巨大贡献。在平定安史之乱、收复两京、智退吐蕃回纥的战斗中有勇有谋，立下了赫赫战功。他居功不傲，宽厚待人，处事严谨，是一位由武举起家逐步成长起来的著名军事家和政治家。著名诗人杜甫在《洗兵马》诗中称赞郭子仪"郭相谋深古来少""独任朔方无限功"。在那个伴君如伴虎的年代，郭子仪在官场上应对自如，游刃有余，并能秉公办事，大有作为，究其缘由，皆源于他忠君爱国的人生态度，豁达大度的处世哲学，恤民济世的仁厚品格，也因此赢得了当朝及后世的敬重。

**五、心系苍生白居易**

白居易（772—846），字乐天，号香山居士，唐华州下邽县（今渭南市临渭区）人。他是唐代继李白、杜甫之后又一诗坛圣杰。他一生勤于笔耕，创作诗文3840首（篇），主张的"文章合为时而著，歌诗合为事而作"在中国文学批评史上占有很重要的地位。所作诗歌题材广泛，形式多样，语言质朴通俗，有"诗王"和"诗魔"之称。代表作《长恨歌》《卖炭翁》《琵琶行》等名传千古。有《白氏长庆集》《白香山诗集》传世。

白居易是一位伟大的诗人，也是一位杰出的政治家。他以诗名世，享誉中外。他和元稹等人开创的新乐府运动，在中国文学史上起到推动文学发展、开辟一代诗风的作用。他的诗通俗易懂，在广大人民群众中广泛传诵。他"惟歌生民病"的诗歌切中弊，既能补察时政，又能解民生之疾苦。他的许多诗篇成为千古绝唱。宋朝宰相王安石读了《白氏长庆集》后，深叹"中国唱语尽为白公所占"。著名文学家欧阳修、苏轼更是白居易人格和诗作的推崇者。伟大领袖毛主席深爱白居易的诗歌，他甚至能默写诗人的叙事长诗《长恨歌》《琵琶行》，而被传为诗坛佳话。

作为一个政治家，白居易"志在兼济"。在朝做官时，他从不畏权贵，敢怒敢言，敢于反映人民的痛苦，敢于斥责朝中的丑恶现象。白居易的一

新乐府运动，是指由唐代诗人白居易、元稹、张籍、李绅等所倡导，主张恢复古代的采诗制度，发扬《诗经》和汉魏乐府讽喻时事的传统，使诗歌起到"补察时政""泄导人情"作用的诗歌革新运动。

生经历了代宗、德宗、顺宗、宪宗、穆宗、敬宗、文宗、武宗8位皇帝，前后历官20任，自校书郎始，以刑部尚书致仕。他自始至终信奉"穷则独善其身，达则兼济天下"的处世原则，官场上不为权贵所屈，不为党争所累，始终保持自己的德行。在京城为官，他是净臣；在地方主政，他是亲民爱民的清官。

白诗在当时流传广泛，上自宫廷，下至民间，处处皆是，如唐宣宗的《吊白居易》诗写道，"童子解吟《长恨》曲，胡儿能唱《琵琶》篇。文章已满行人耳，一度思卿一怆然"。此二首广为大众所喜爱，不仅是在当时，历朝历代直到如今仍为人们所喜爱。白居易一生坚持正义，廉洁奉公；为人正直，光明磊落；为民请命，不惧权贵；关注民瘼，亲民体恤。他那千古不朽的诗篇，如一串串璀璨的明珠，在人类社会历史长河中闪烁着耀眼的光芒。

白居易曾在渭南生活10余年，他在唐下邽县（今渭南市临渭区）的诗文赋作品，是他全部作品中的重要组成部分。他在下邽所作的诗文，诗居多，有

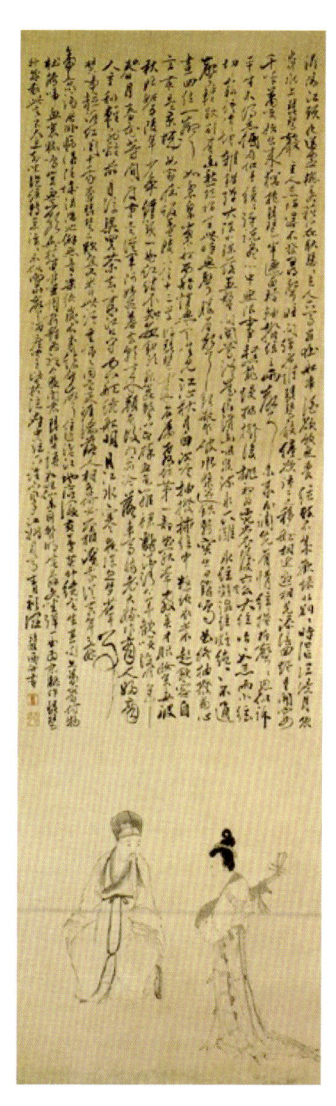

◎《琵琶行图轴》
　明代郭诩作品，现存北京故宫博物院

讽喻、感伤、闲适、杂律四种类型。那些描写民众疾苦的作品，可以看作是前期感伤诗的先声；那些寻求自我解脱的篇什，便又是后期大量的闲适诗的滥觞。他在下邽作的《纳粟》《采地黄者》《村居苦寒》等诗篇，思想性、人民性俱高。而《和梦游春诗一百韵》《效陶潜体诗十六首》《渭村退居寄礼部崔侍郎、翰林钱舍人诗一百韵》，特别是《游悟真寺诗一百三十韵》，都达到了非常高的艺术境界。白居易在下邽撰写的文字主要是事状、墓志铭、祭文、记事等。这些诗文反映了唐王朝一个时期内农村的社会经济情况，对于研究唐代农村状况和白居易的活动轨迹，具有重要意义。

中唐是唐诗的重要转折时期，这一时期的诗歌突出反映现实生活，创作个性鲜明突出，风格流派丰富多样，白诗是这一时期的典型代表，在他创作的大量诗歌中有许多体现了他对"底层"的关怀，尤其是他的讽喻诗及其他类反映"底层"生活的诗歌中，这些诗歌无论是在当时还是在后世都有很强的影响力和感召力。他的诗词也从一定的层面体现了中国传统文人积极入仕和以天下为己任的人生价值取向。

泛渭赋（节选）

唐　白居易

亭亭华山下有人，跂兮望兮，爱彼三峰之白云；

泛泛渭水上有舟，沿兮溯兮，爱彼百里之清流。

……

川有渭兮山有华，澹悠悠其可赏。

目白云兮漱清流，其或偃而或仰。

### 吊白居易
### 唐　李忱

缀玉联珠六十年，谁教冥路作诗仙。
浮云不系白居易，造化无为字乐天。
童子解吟长恨曲，胡儿能唱琵琶篇。
文章已满行人耳，一度思卿一怆然。

白居易的诗歌，当他在世时，已远播海外；1000多年来，久盛不衰。他的诗，被鸡林（今朝鲜半岛）宰相收买，一篇百金；被日本留学生传抄回国，变成日本文库的瑰宝。日本醍醐天皇曾对人说："平生所爱，白氏集七十五卷是也。"今天，白居易的品格，仍然得到日本人民的敬重，白居易的诗歌，依然深受日本人民的喜爱，对白居易研究，在日本学术界有相当的广度和深度。来自日本、韩国、新加坡、马来西亚及泰国的瞻仰者，白居易的故乡陕西渭南及长眠之地河南洛阳龙门，寻祖祭祀、拜谒者，络绎不绝。

不可否认，白居易的诗论对后来的现实主义诗歌写作起了很大的推动作用，他的诗风，有力地影响了当代与后代的诗人，使现实主义诗歌的优良传统发扬光大，白居易在中国文学史上留下了不可磨灭的功绩。

## 六、"中兴名将"李元谅

李元谅（726—793），祖籍安息（今乌兹别克斯坦共和国的布哈拉），本姓安，幼时为宦官骆奉先所养，遂改姓骆，名元光。后因功勋卓著，唐德宗赐"李"姓，改名"元谅"。

他早年从军，后累官至镇国军副使，驻防潼关。唐德宗建中四年（783），原泾阳节度使朱泚叛乱，占领长安，自称为帝，并派大将何望之攻占了华州。李元谅闻讯率部赶走何望之，收复并加固华州城池，数次击败朱泚的叛军，因此升任华州刺使兼镇国军节度使。兴元元年（784）五月，各支唐军围攻长安，李元谅等部攻占皇宫，收复长安。因作战勇敢，身先士卒，被晋升为检校尚书左仆射。贞元三年（787），吐蕃假意求和，在会盟地平凉暗下伏兵，唐军副元帅浑瑊等人与吐蕃在平凉（今甘肃）会盟时中计，死伤惨重，李元谅早有防备，率部在距平凉10千米处扎营，接应了只身逃脱的浑瑊。贞元四年（788），李元谅兼任陇右节度使，离华州移防良原（今甘肃省崇信县东南）。华州当地百姓感念其恩，欲为他立功德碑。李元谅的行军司马董叔经上奏朝廷，唐德宗许可。次年八月十一日，功德碑建成。碑额题为《大唐镇国军陇右节度使右仆射李公懋功昭德颂》。碑文中称颂李元谅战胜叛军、修葺城池、加强武备等十大功劳。说他在华州"推信诚、宏敬让、薄九赋、励三农；抑浮窳之风，兴廉正之教。一年而人知禁，二年而人知惠，三年而人知爱，四年而人知颂"。贞元九年（793）十一月，李元谅在良原去世，时年62岁。唐德宗闻讯震惊，废朝追念，并追赠司空，谥号"庄威"。次年，归葬于潼关。

李元谅碑，位于今渭南市华州区人民政府大门东侧。碑高4.45米，宽1.57米，厚0.41米。碑头为六螭首，雕刻雄健，碑侧雕饰蔓草花纹。碑文共32行，每行65个字，主要歌颂李元

◎ 李元谅墓志
　具有历史研究及书法艺术研究的双重价值

谅的十大功劳。碑额由李彝篆书，碑文由上骑都尉张濛撰文，守卫尉少卿韩秀弼隶书。

　　据李元谅墓志记载，李元谅虽卒于良原（今甘肃省灵台县），然并未就地安葬或陪葬帝陵，而是不远万里归葬于华州潼乡原（今渭南市潼关县）。因为华州是其建功立业的地方，且他曾长期担任华州刺史、潼关镇国军节度使，故死后归葬于此了其夙愿。正如墓志所言："生惟殉节，殁亦归全，忠孝并矣。"

## 七、山川峻秀多龙脉

　　唐朝的帝王陵大多依山而建，巍峨的山丘就是墓冢，高耸的山梁就是神道，其俯览大地、傲指苍穹的"高山仰止"的雄强气势，岂是人工所筑、最多几十米高的土筑陵丘所能比拟的？按照唐朝的时代气息和唐人的精神风貌，我们完全可以理解，帝王们以大山为陵而不是筑小丘为冢，要的就是一种理想境界、一种恢弘气势，这比单纯建一个死后的栖息之所更重要。

◎ 唐十八陵分布图

唐陵前的石刻群大气磅礴巍然肃立，更有像武则天的无字碑引千古之幽思，它们融自然地形与人文精神于一体，完美地体现了中国古代"天人合一"的思想理念和精神追求。唐代帝王陵墓浓缩了唐王朝200多年的历史精华，丰富了唐史研究的内容和范围，为我们借鉴历史经验和文化艺术成就，弘扬民族文化，开发文物古迹资源服务于当代社会物质文明和精神文明的建设有着重要的现实意义和深远的历史意义。

渭南作为唐京畿之地，因其山川峻秀巍峨，也成为皇朝的陵寝国脉所在。唐朝21位皇帝，其中9位死后分别葬于渭南市蒲城、富平两县境内，再加上"让皇帝"李宪惠陵，共有10座唐陵在渭南。10座唐陵中以蒲城唐睿宗桥陵最为壮观，其陵前石刻群被誉为唐陵石刻之最。玄宗泰陵，建制宏伟，并因玄宗皇帝传奇的人生经历，历来成为文人学士咏叹的对象。

**唐中宗定陵**　位于富平县宫里镇三凤村凤凰山之阳。唐中宗，初名显，后更名哲，又复名显。高宗第七子，生母为武则天。唐代第四位皇帝。显庆元年（656）生，永隆元年（680）八月被立为皇太子，景龙四年（710）六月韦后和安乐公主合谋鸩杀了中宗，同年十一月葬李显于定陵，庙号"中宗"，谥号"大和大圣大昭孝皇帝"。定陵陵邑南北长约3.1千米，东西宽约2.2千米。陵区范围包括今富平宫里镇凤西村东、北陵村西、三凤村北、大郎沟村与二郎沟村南一带。《长安志》记载，定陵陵区规模为"封内四十里"。陵山凤凰山，又名龙泉山，它是一座独立的山体，以半圆形山顶为中心，向东西两侧和南边伸出五条放射状的山梁，其中向南伸出的左、中、右三条山梁平行向南延伸，隆起的中梁形似凤头，两翼山梁呈对峙状，尤如凤凰展翅。地宫墓道入口开凿在中部山梁凤凰头上。左、右两条梁恰成陵区东西墙垣的天然基座。山陵山梁的形态，展现出一种浑然天成的凝聚之气和昂扬之势。凤凰山正南方鹊台南800米偏西处，可见北周太祖文帝宇文泰成陵，北方分布着4座唐代陵墓。它们是东北8.8千米的丰陵、西北3.1千米处的章陵、西侧5.6千米处的元陵和西北9千米处的简陵，分布呈"W"形，按照"五陵"年代顺序，依次为定、元、丰、章、简陵。目前，整个陵区由南至北已改造成台阶状耕地。但仍以陵墓位置最高。定陵的陪葬墓分布于陵东南3至4.5千米的范围内。《旧唐书》记载，和思皇后赵氏、唐节愍太子李重俊、成安公主、宜成公主、定安公主、长宁公主、永寿公主、驸马都尉王同皎和中宗宠臣魏元忠死后陪葬定陵。定陵有陪葬墓15座，其中现存封土10座，大体呈圆丘形和覆斗形两种，其余5座基本夷为平地。定陵南神门神道东西两侧各存翁仲1尊，东神门存蹲狮1件，南神门存蹲狮1件，北神门存蹲狮、鞍马各1件。2001年6月被国务院公布为第五批全国重点文物保护单位。

**唐睿宗桥陵** 位于蒲城县西北15千米的丰山上。唐睿宗李旦，为高宗李治第八子。龙朔二年（662），生于长安，开元四年（716）病逝，享年55岁，庙号"睿宗"，谥号"玄贞大圣大兴孝皇帝"。桥陵东西长3498.6米，南北宽113.4米。《唐书·玄宗本纪》记载，开元四年（716）十月庚午葬大圣真皇帝于桥陵。桥陵以丰山为陵，在山腹开凿地宫，并以四周建造陵墙。丰山海拔751米，山势耸峻，飞峰险势，挺拔峻秀。整座陵山雄伟壮观，气宇不凡。依史书记载，桥陵建制与乾陵大体相仿。据实测在丰山正峰东坡凿造墓室，墓道以阶梯式深入山腹达20米，全用石条叠砌封闭，石灰灌注。陵园四周墙垣回绕，平面呈规矩的刀把形，类似京城长安的布局。陵墙四面各开一门，朱雀门前的神道，长达625米，宽110米，神道两侧簇立着雕琢精美而宏伟的石刻，总计80余件，有石人10对，高4.2至4.5米。与唐代其他诸陵所不同的是，在石人旁边还雕刻有一对小型的女石像，似牵马人，这在帝陵石刻中甚是罕见。石人以南是石马5对，石马以南是鸟1对，再南为独角兽1对，再南为华表1对，另外陵园四门还各有石狮1对。玄武门外还有石马3对。历经沧桑，陵区内建筑已基本消失。据记载，乾隆四十年（1775）曾"筑城垣百丈"，如今只见残垣，小型女石像已被毁，其余石刻大都存在。桥陵陵园营建于开元盛世，当时国家统一、民族团结、社会安定和经济繁荣是产生这些艺术珍品的坚实基础。当时的石雕大师们继承和发扬了汉魏六朝的传统艺术风格，刻划出各种物体的生动面貌和精

第五章　盛世英杰　山陵巍峨——隋唐时期的渭南

◎ 唐睿宗桥陵全景

神内涵，体现了盛唐文化的高度发展和经济繁荣的景象。桥陵石刻的主要特色可概括为高大雄伟、气势磅礴、肃穆威严、形神兼备。这些精湛无比的艺术精品，显示了大唐帝国的文治武功，象征着中华民族光辉的艺术成就。1988年被国务院公布为第三批全国重点文物保护单位。

**唐玄宗泰陵**　位于蒲城县东北15千米的金粟山。唐玄宗李隆基又称唐明皇，是唐睿宗李旦的第三个儿子。武则天垂拱元年（685）生于东都洛阳，宝应元年（762），病逝于长安，终年78岁，庙号"玄宗"，谥号"至道大圣大明孝皇帝"。《蒲城县志》记载，陵墓占地二顷四十七亩，封内38千米，下宫去陵2.5千米。现在东西长3142.5米，南北宽112.5米。《唐书·代宗本纪》记载，广德元年（763）三月辛酉葬至道大圣大明孝皇帝于泰陵。金粟山，因"有碎石若金粟"而得名，它由三座山峰组成，主峰又称尖山海拔852米，尖山西南有一山峰，海拔729米，东南之峰形似卧虎踞道，谓之卧虎山，海拔626米。尖山高耸居后，东西二峰与之环拱。远眺山峦起伏，透迤蜿蜒，与险峻挺拔的西岳华山遥遥相望。泰陵玄宫即在尖山山峰之上。泰陵陵址是玄宗李隆基生前亲自选定的。《旧唐书·玄宗大唐新语》记载，"玄宗亲谒桥陵，见金粟山有龙盘凤翔之势，谓侍臣曰，'吾千秋后，宜葬此地，得奉先陵，不忘孝敬矣。'宝应初，追述先志，而置山陵焉。"陵寝陪葬人，一为元献杨皇后，一为内侍高力士。陵墓现存的地面文物为石人10对、石马2对、大石狮1对、石浮雕驼鸟1只，另有独角兽、华表等。2001年被国务院公布为第五批全国重点文物保护单位。

**唐代宗元陵** 位于富平县西北15千米的庄里镇张家窑檀山。唐代宗李豫，生于开元十四年（726）十二月，初名俶，立为皇太子后更名豫，唐肃宗长子。大历十四年（779）代宗驾崩，同年葬于元陵，庙号"代宗"，谥号"睿文孝武皇帝"。《旧唐书·德宗本纪》记载，大历十四年十月己酉，葬睿文孝武皇帝于元陵。元陵依山为陵，坐北朝南，陵山檀山为乔山山脉一个独立的山体，俯视为不规则五角形。陵山山阳自然形成一个圈椅形，是古代卜陵的最佳选地。玄宫建于南麓中峰。《文献通考》记载，元陵在京兆府富平县界。陵园原为夯筑城垣，左右两峰稍有突出，自然形成城垣的天然基座。元陵平面呈不规则矩形，四面各辟一门，以朱雀、玄武、青龙、白虎四神命名，门外各置石狮1对，筑阙台1对。东西两神门相距2500多米，南北神门相距 2700 多米。城垣四隅建角楼（即角阙），南神门处设神道，长 600 多米，其南端筑乳台 1 对，再向南约 2 千米处筑鹊台 1 对。神道石刻今存翁仲 1 尊、翼马 1 件，玄武门处尚存仗马 5 件。2001 年 6 月被国务院公布为第五批全国重点文物保护单位。

**唐顺宗丰陵** 位于富平县曹村镇陵前村北金瓮山之阳。唐顺宗李诵，为德宗李适长子。顺宗生于上元二年（761）正月，曾被封为宣城郡王。大历十四年（779）德宗即位，李诵被封为宣王，同年十二月立为皇太子。贞元二十一年（805）正月，德宗崩，李诵即位，时年 45 岁，次年元月驾崩，终年 46 岁。庙号"顺宗"，谥号"至德大圣大安孝皇帝"，唐宣宗大中三年（849），追谥为"至德弘道大圣大安孝皇帝"。陵区南北长约 1500 米，东西长约 1850 米，总面积约 2775 万平方米。丰陵处于关中平原与陕北高原的衔接地带，属乔山山脉南支南侧的突出山体，名为金瓮山，又称卧虎山。陵墓在金瓮山之阳，凿山为陵，山体阳面表层为裸露的石灰石崖，其余三侧为黄色坡地。陵南向，陵山海拔高约 800 米，陵园东西宽 250 米，南北长 600 米，清乾隆十四年（1749）曾奉文招募陵户，筑墙防护。该陵除甬道口在"文化大革命"中被掘外，其他保存完好。有华表 1 个，现存土阙 4 个，分别在后沟、马家坡。据调查，现仍埋藏地下的有北门蹲狮 1 座，西门蹲狮 1 座，华表 1 件（残）。2001 年 6 月被国务院公布为第五批全国重点文物保护单位。

**唐宪宗景陵** 位于蒲城县西北 7.5 千米的金帜山。唐宪宗李纯，唐德宗李适之孙、唐顺宗李诵长子。唐代宗大历十三年（778）二月十四日生于长安，元和十五年（820）正月为宦官陈宏志、王守澄所害，终年 43 岁，庙号"宪宗"，谥号"圣神章武孝皇帝"。《蒲城县志》记载，陵墓现长 3279.5 米，宽 105.4 米。《新唐书·穆宗本纪》记载，元和十五年，五月庚申，葬圣神章武孝皇帝于景陵。景陵依金帜山，海拔872米，山势突兀挺拔，犹如一面旗帜悬挂在空中。清程大昌称其"山势高耸铺张，有如悬旆（pèi）"（《雍胜略》）。山的东、南二面地势平缓，西面为深沟大壑，北面群峦蜿蜒。景陵依金帜山主峰而筑，座北面南，陵区封域20千米。陵内陪葬的有懿安郭后、孝明郑后、王贤妃等。陵内现存陪葬墓一座，名位难考，陵内有石刻文物多件，有石人10对、石马5对、石狮1对、石驼鸟1对，独角兽1对，另有石碑和石刻华表等。蛇鸟和石狮独角兽等，体形高大，气势雄壮，雕工精美生动，可惜多残缺损坏。2001年6月被国务院公布为第五批全国重点文物保护单位。

**唐穆宗光陵** 位于蒲城县北15千米的尧山。唐穆宗李恒，唐宪宗第三子，贞元十一年（795）七月六日出生于京师长安大明宫之别殿，长庆四年（824）正月驾崩，终年30岁，庙号"穆宗"，谥号"睿圣文惠孝皇帝"。《蒲城县志》记载，封内20千米，下宫去陵2.5千米。宋朝开宝年间（968—976）修葺陵墓一次。现总长3598.6米，宽123.3米。《新唐书》记载，长庆四年十一月庚申，葬睿圣文惠孝皇帝于光陵。光陵依尧山，海拔1091米，山之南北和东南部地势较平缓，东北部山峦重叠，西部和西南部为沟壑。山势挺拔，峻秀巍峨。《长安志》记载，陵内陪葬着两位皇后，一是恭僖王皇后，一是贞献肖皇后。但今陵区可见土冢50余座，名位难考。穆宗的大墓冢在半山上，陪葬墓都在陵前。陵地北高南低，陵前陈列着两排高大的石刻文物，有石人8对，石马3匹，石狮1对，华表1对，石碑1通，但多残缺损坏。2001年6月被国务院公布为第五批全国重点文物保护单位。

**唐文宗章陵** 位于富平县宫里镇雷村八组天乳山之阳。唐文宗名李涵，后更名昂，穆宗第二子，敬宗之弟，唐代第十四位皇帝。生于元和四年（809），开成五年（840）正月辛巳因抑郁病卒于太和殿，八月壬戌葬于章陵，终年31岁，庙号"文宗"，谥号"元圣昭献孝皇帝"。《富平县·樊志》记载，章陵在富平县西北 10 千米处的天浮山（亦称天乳山），封区 22.5 千米，下宫去陵 1.5 千米。天乳山是由一座东西走向的单独山脉，以北部的半圆形山顶为中心，由石灰岩山峰组成。山势四周坡缓，左右两峰隆起，形似双乳而得名。陵冢隆峙，视野开阔。玄宫凿于山脉南麓，陵园占地千余亩，面积达 50 万平方米。陵园石刻有南神门华表 1 对、蹲狮 1 座（已倒地），残马 1 件，埋于地下，仅露一部分，翁仲 1 尊，无头。下宫遗址位于齐村乡横坡村上杨组西北 500 米处。平面略呈长方形，东西长 300 米，南北宽 200 米。地表可见大量砖瓦残块，断崖文化层上有大量砖块堆积，遗址北距章陵 2 千米。2001 年 6 月被国务院第五批公布为全国重点文物保护单位。

**唐懿宗简陵**　位于富平县西北 25 千米的庄里镇山西村的虎头山阳。唐懿宗原名李温，后更名漼，生于太和七年（833），宣宗长子，唐代第十七位皇帝。咸通十四年（873）七月戊寅病死，乾符元年（874）二月葬于简陵，终年 41 岁。庙号"懿宗"，谥号"睿文昭圣恭惠孝皇帝"。简陵依山为陵，坐北朝南。由东北、西南走向的一条青石岩山组成，东为虎尾，西南以山用人工筑成虎头，名曰"虎头山"。陵域南北长 1251 米，东西长 2200 米，面积 335.5 万平方米。陵园石刻有翁仲（含仕女像）5 尊、南神门东侧 3 尊、西侧 2 尊，均无头；蹲狮 7 座，南神门西侧 1 件，完好；东神门南侧 1 尊，基本完好；东神门北侧 1 尊，部分埋地下，基本完好；北神门东侧 1 尊，残；北神门西侧 1 尊，残；西神门北侧 1 尊，完好；西神门南侧 1 尊，完好。鞍马 6 件，南神门西侧 2 件，均残；北神门内 4 件，1 件基本完好，其余 3 件残。2001 年 6 月被国务院公布为第五批全国重点文物保护单位。

唐代帝王陵墓是唐代社会历史的见证，是极为丰富的唐代文化艺术的宝库。其规模宏大的古陵园遗址，布局严谨的陵垣建筑，精美绝伦的大型石雕刻等，成为人们了解历史，弘扬民族文化乃至访古览胜的幽然境地。

山岭巍峨，龙脉绵延，纵使风云变化、沧海桑田，无法亲历帝王成就霸业时的雄浑壮阔与铁蹄铮铮，然而这些王陵所凝聚的"精""气""神"却将会在漫长岁月的延宕中固化为一种历史的永恒。

## 陆

### 贤相良才　古建生辉

宋元明清时期的渭南

# 第六章 贤相良才 古建生辉——宋元明清时期的渭南

宋元明清时期，国都东移、北迁，渭南作为西北门户，以其地理区位优势，在政治、经济、军事等方面仍然具有十分重要的地位。宋以后，渭南地区不仅文化昌盛，在中国文化史上留下浓墨重彩，而且涌现出一大批居时代前列、各领风骚的英才俊杰，他们在政治、军事和思想、文化、艺术等领域有突出而独特的表现，为中华民族的发展进程作出了不可磨灭的贡献。

## 一、治国安邦有寇准

寇准（961—1023），字平仲，北宋华州下邽县（今渭南市临渭区）人，是北宋著名政治家及彪炳青史的一代名相。他为官清廉，不拘节微而善谋大事，在地方以民为本，政绩卓著；在朝廷辅佐皇帝，安邦治国。因性情刚直，敢于犯颜直谏，宋

◎ 寇准画像
现藏台北故宫博物院

太宗赞许说："朕得寇准，犹文皇（唐太宗）之得魏征也！"

寇准出身于书香门第，受到其父以及家庭环境的影响，他从小就聪慧机敏、博学多才，他出生后不久，父亲就因病逝世了。虽然家境日益贫寒，但是他的母亲依然坚持对寇准的培养，不让他放弃学业，他也十分乖巧懂事，终不辜负母亲期望，少年时期就已经通晓《春秋》三传，并理解得十分透彻，对一些问题也有其独到的见解，写出不少诗文。

太平兴国五年（980），年仅19岁的寇准来到京都汴梁（今河南省开封市）应试，考中甲科进士，取得参加殿试的资格。当时，由于宋太宗喜欢录用成熟稳重之人，有人便劝寇准多报几岁年龄，以期得中，寇准答曰："准方进取，可欺君邪？"他如实申报年龄，最终一试得中，受任为大理评事，实任大名府成安县（今河北省成安县）知县。宋太宗所处的时代是一个极具挑战的时代，一方面国家尚未统一，边患问题十分严重；另一方面国内矛盾尖锐，农民起义风起云涌，内忧外患的局面不允许他有丝毫的松懈。而相对于那些只会唯唯诺诺的大臣们来说，正直的寇准显然是一位不可多得之才。可见，入仕之初，寇准就已奠定了诚实从政的基础。宋太宗在位之际，时常诏命群臣直言谏奏。在处理一些重要政务时，宋太宗常常征询寇准的意见，寇准也颇敢直言。有一次，寇准奏谏，因意见不合，惹得宋太宗勃然大怒，拂袖而起欲退朝，寇准上前牢牢抓住宋太宗的衣角不放，一定要他坐下来听自己把话讲完，直到事情决定才算结束。这便是"挽衣留谏"的故事。

## 第六章 贤相良才 古建生辉——宋元明清时期的渭南

景德元年（1004）九月，辽圣宗耶律隆绪和其母后萧太后率20万大军大举入侵宋境，宋臣大多惊惶恐惧，纷纷主张迁都南方。只有寇准力排众议，主张坚决抵抗，并恳请皇上亲征，以振奋军心。同年十月，辽兵攻下祁州，向东南推进，直逼澶州城下，一河之隔的都城汴京也面临辽军威胁。真宗在寇准的力劝下同意亲临前线澶州。宋时的澶州城被黄河一分为二，辽军已抵达北城附近，真宗不敢过河，只愿驻扎在南城。在寇准的坚持下，真宗才转向北城行进。皇帝御驾亲征，北宋军民顿时人心大振，人人奋勇杀敌，此时，辽军大将萧挞览又被宋将张环射杀，军心动摇，只得转而与宋议和。同年十二月，宋辽双方订立了和约，即历史上著名的"澶渊之盟"，这就为宋辽边境上赢得了上百年的和平安定局面，对宋辽之间的贸易往来、民族交流及各民族之间的融合是非常有利的。

寇准为官40余载，清廉正直，谋事有方，终生不蓄钱财，不治私第，被称为"无第宰相"。官位升到执掌国家大权的宰相，却没有为自己建造私宅府邸。当时，处士魏野赠诗曰，"有官居鼎鼐，无地起楼台"。由此可见他不贪不奢、清正廉洁的品质。有至亲不解，问曰："何不趁鸿鹄高飞之际，造厦以荫子孙？"他说："吾乃当朝宰相，岂可助长奢风？上有所好，下必甚焉。蠹众而木折，隙大而墙坏，唯先正己方能正人也！"寇准以身作则，不造官邸，廉政为民，下属均不敢奢侈无度。

宋仁宗天圣元年（1023），寇准客死雷州（今广东省雷州市），后归葬下邽，宋仁宗令恢复寇准太子太傅、莱国公，赠中书令，谥号"忠愍"。皇祐元年（1049），仁宗又令翰林学士孙抃为

◎ 寇准墓

位于今渭南市临渭区官底镇左家村南，现为陕西省文物保护单位

寇准撰写了《莱国公寇忠愍公旌忠之碑》碑文，并亲笔为碑首篆书了"旌忠"二字，以示褒扬。

寇准不仅是一位功绩卓越的政治家，而且也是一位才华横溢的诗人。据说，他7岁时随父登上西岳华山，就留下了"只有天在上，更无山与齐。举头红日近，俯首白云低"的佳句。现存作品有《寇莱公集》7卷，《寇忠愍公诗集》3卷。传世诗作有300余首，《全宋词》共辑其词4首。

水晶饼是渭南名点。据说有一年寇准从京师回渭南探亲，正逢50大寿，乡人送来寿桃、寿面、寿匾等表示祝贺，寇准遂摆宴相待。酒过三巡之时，家仆捧来一个精致的桐木盒，寇准打开一看，里面装着50个晶莹透亮如同水晶石一般的点心。在点心上面，还放着一张红纸，整整齐齐地写着一首诗："公有水晶目，又有水晶心，能辨忠与奸，清白不染尘。"落款是"渭北老叟"。寇准十分感动，据其特点给它取了一个好听的名字，叫作"水晶饼"。

## 二、"政学合一"南大吉

关学是儒学的重要学派之一,由北宋理学大师张载(1020—1077,字子厚,世称"横渠先生")开创,宋元明清时期一直在关中地区传衍,其倡导正学,以礼为教,注重实际,不尚空谈,对整个理学和中国传统文化都产生了极大的影响,传授代不乏人,有800余年的历史。关学在发展过程中,对程朱理学以及心学都有所吸收。明代关中地区人才鼎盛,学术活跃。冯从吾在关学史《关学编》中记载,仅渭南籍关学代表人物就有30余人。南大吉就是关中地区关学活动的积极参与者之一。

南大吉(1487—1541),字元善,号瑞泉,明代陕西渭南秦村(今渭南市临渭区官道镇南家村)人。明武宗正德五年(1510)以乡试第四中举,正德六年(1511)进士及第。授户部主事,历员外郎、郎中、浙江绍兴府知府。在绍兴府任上,他深受王阳明心学的影响,弘扬圣道,政学合一,兴利除弊,良重一时。罢官归来,又在家乡渭南著述讲学,传播王学,成为"将王学传入关中之第一人"。

南大吉在绍兴知府任上时曾命人重建书院及经阁,离任后还与其弟南逢吉积极在家乡渭南传播王学,使得关学一改过去以朱子学为宗的情况。这一学术格局的变化对明清关学发展影响深远,此后关学遂呈现出朱子学与阳明学两大学术思想并行且交替盛衰的主线来,也正是从南氏兄弟开始,关学开始了与阳明学相融合的时期。黄宗羲在《明儒学案》中将南大吉列入"北方王门",视其为阳明之学传播到北方的关键人物。冯从吾说:"文成公门人虽盛,而世传其学者,东南则称安成邹氏,西北则称渭上南氏。"将南大吉与邹守益并列为阳明之学的重要传人,足见南大吉在王学学派中的重要地位。

南大吉天性聪颖，慧心朴质，自少受传统经典的熏陶，通读《礼》《易》二经，析其义理，又熟悉小戴礼。他喜攻文法，经常以文会友，争奇斗胜，与当时名流之士，相交甚欢。嘉靖二年（1523）春天，35岁的南大吉出任绍兴知府，三年后即被免官回乡。然而，其在江南的惊鸿一瞥，却造就了学术史上的风云际会。当年秋天，南大吉遇到其生命中极为重要的一个人——名震天下的王阳明。

> 王阳明(1472—1529)，字伯安，明代浙江余姚人，曾筑室会稽山阳明洞并设帐讲习，因世号阳明先生。他是著名的思想家、政治家、哲学家、文学家和教育家，儒家心学的代表人物。晚年官至南京兵部尚书、都察院左都御史。其德行、事功、学说，至今仍受到人们的敬仰。王阳明先生提出了著名的四句教："无善无恶心之体，有善有恶意之动，知善知恶是良知，为善去恶是格物。"这是他在晚年进行的一次思想变革，最终完善了"致良知"的心学体系，对后世的影响极大。

王阳明曾是南大吉京城会试时的主考官，因此以座主与南大吉有门生之称。南大吉和王阳明的不期而遇，彻底改变了南大吉的思想和人生。他随即放弃了多年来喜欢吟诗作赋的习惯，转而孜孜以求于圣贤之道，为弘大王学而不遗余力。南大吉亲历了王阳明晚年创立致良知之学、设坛讲学的全过程，犹如孔子之七十弟子服膺孔子一样，万分敬重王阳明先生。并在期间将整修书院作为政事之一，热忱宣扬、积极传承心学，产生了良好的示范效应。他出任绍兴府知府办的第一件大事，就是命令山阴县令吴瀛重建了稽山书院，增设明德堂、尊经阁及瑞泉精舍，专门作为王阳明的讲学之所。除稽山书院外，南大吉还丈量修缮了卧龙山东麓的龙首书院、修建拓新了省城南的万松书院。出任绍兴知府的第二年，南大吉又做了一件让世人震惊的事情。在当时的政治环境下，程朱理学是官方正统思想，而王阳明心学则被斥为"伪学"。朝廷大力推崇程朱之学，而极力贬抑王学，南大吉却逆流而上，冒着生命危险，校续《传习录》，并分上下两册重新刊刻。

嘉靖三十三年（1554），钱德洪将陈九川等人所录的王阳明遗言录加以删减，加上他和王畿所录内容，编成《传习续录》刊行。两年后，又增收黄直所录。隆庆六年（1572），谢廷杰在浙江刊行《王文成公全书》，以薛侃所编的《传习录》为上卷，以钱德洪增删南大吉所编书信部分的八篇为中卷，以《传习续录》为下卷，附录王阳明所编《朱子晚年定论》，形成现今流行的王文成公全书本《传习录》。无论是整修书院供王阳明讲学，还是顶住压力续刻《传习录》，南大吉对阳明学在当时的传播及后世的传承，都起到至关重要的作用。

作为王阳明的门生，南大吉不仅为王学的光大颇有功绩，本人也深悟王阳明致良知之旨、治学之政，并以自己的实际行动，饬躬励行、忠实实践了王阳明"心学治政"的主张。他继承绍兴府前任的良好传统，遵循先贤前仆后继的足迹，始终将治水安民列为重政大业。绍兴城当时的府河跨山、会两县界，纵横贯穿于城中，皆通舟楫，成为绍兴府至关重要的"命脉"。

然而，那些临河而居的人家却自谋私利，不断侵占河道，搭建庐舍，致使府河渐趋壅窄，来往船艘经常堵塞，老百姓怨声载道。南大吉明察暗访，处理顽疾及黑恶势力，百姓拍手叫好，恶霸诽谤污蔑，南大吉始终坚持信念，他坚信"民亦非无是非之心"，并决心从讲学入手，"启之以身心之学"。经过他的努力，不仅"民之谤者亦渐消沮"，且"各邑之士亦渐以动，日有所觉而月有所悟"，越地风气乃为之剧变，南大吉因此而受到当地士人的广泛认可。当年秋天遇到大旱，绍兴府收获纳税如同往年，第二年发生洪灾，民居安然无恙。老百姓尊称南大吉为"南侯"。南大吉的恩师王阳明先生闻悉此事，慨然挥笔写就《浚河记》，记述了南大吉浚河治越的功绩，最后点明主旨："未闻以佚（安乐）道使民，而或有怨之者也。"明确昭示了天道、公理与人心。此碑记刻成后，被老百姓竖立在府河边，成为一道亮丽的风景。

南大吉编纂了图、考、表、传俱全，且现存最早的《渭南志》。他还著有《绍兴志》《少陵纯音》和《瑞泉集》等。他的心学思想主要有"以致良知为宗旨"，"以慎独改过为致知工夫"和"相忘于道化"的境界追求这三点，讲求自我修养和端正品行，尤其看重道德人伦的重要作用。南大吉认为，世间万物的定理、定体即是心之良知，求心之良知，自然会有定理、定体，自然可以顺之应对万事万物。就如规矩与方圆一样，有了规矩方圆自成。他将关学与王阳明心学思

◎ 南大吉编撰的《渭南志》

想融汇贯通，给当时以程朱学为主的关中理学增添了新的思想因素，为关中思想文化的发展走向奠定了基础。

### 三、"状元宰相"有王杰

王杰（1725—1805），字伟人，号惺园、葆淳，陕西韩城庙后村人，乾隆二十六年（1761）辛巳科状元，也是清代唯一一位陕西籍状元。

王杰出生于雍正三年（1725），自幼聪慧，勤奋好学。随后在关中书院受教于关西大儒孙景烈门下。乾隆二十一年（1756），在业师孙景烈的举荐下受聘于两江总督伊继善、江苏巡抚陈弘谋府中。乾隆二十六年（1761），赴京会试高中进士，在殿试中由乾隆皇帝特提为状元，王杰由此成为清代陕西第一位状元。随后，王杰以状元身份授翰林院修撰，并五迁至内阁学士。其持身中正，"进退以礼，温温有大度而耿直清介"，深得乾隆皇帝的信任，在中央机关平步青云，历任吏、兵、刑、工、礼五部侍郎，后授兵部尚书，军机大臣，东阁大学士等要职，位极人臣。同时，王杰多次主持地方教育及科举考试事务，担任浙江、福建学政；另四充乡试考官，三充会试正总裁，同时负责《四库全书》《三通》及实录馆、国史馆的编纂工作。王杰在平定台湾、廓尔喀部的行动中运筹帷幄，决胜千里，两次挂像紫光阁。嘉庆十年（1805），王杰逝世，享年81岁，谥号"文端"。王杰在朝为官40余年，深得乾隆、嘉庆两朝皇帝的赏识，两位皇帝都曾给王杰送过祝寿匾。

王杰为官，清正廉洁，生活俭朴，私事出门，不坐官轿，只一骑一仆，穿戴与百姓无异。待人接物，和蔼友善。他说："我虽宰辅，亦常人也。"他平日无公差不赴官宴，在家粗茶便饭，绝少鱼肉。住宅两进，无花园，且自己出资建造。他的门生见其清贫，便以礼馈赠，他正色道："今若受馈，

◎ "赞元锡嘏"牌匾

乾隆四十九年（1784），乾隆皇帝为时任东阁大学士的王杰六十寿辰时所题赐的金匾。赞，赞颂、赞扬之意；元，六十，天干地支一元为六十；锡，赐给之意；嘏，美好幸福之意，整体意为祝福他六十大寿，并赐给他幸福

◎ "福绥燕喜"牌匾

嘉庆九年（1804），王杰及其夫人八十大寿时嘉庆皇帝所赐。王杰不仅是乾隆、嘉庆皇帝两朝宰相，还做过嘉庆皇帝的老师，因而深得嘉庆皇帝的尊敬和喜爱。福：幸福之意；绥：平安；燕喜：成双成对

何为官?"王杰常告诉家人:"吾先人严谨节约,予伊等以不饥,足矣!且吾亦无长物以贻子孙,若不自检制,吾不能斤斤为豢养计,亦非吾所能庇也。"

他在任军机大臣上书房总师傅时,与祸国误民的和珅同殿列朝,但从不巴结,且与他分席而坐,同室不同语。和珅凭着自己势力显赫,凡遇到军国大事多擅自决断,同朝的大臣多隐忍不言,但王杰常挺身而出,力争到底,直到和珅让步。《清史稿》记载:"杰在枢廷十余年,事有可否,未尝不委曲陈奏。和珅势方赫,事多擅决。同列隐忍不言,杰遇有不可,辄力争。上知之深,和珅虽厌之而不能去。"

王杰虽久值内廷,亦关心家乡建设。北京建韩城会馆,他倾力相助,并亲书碑文以纪其事。又向县学捐银500两,令置田地取租,以助生员乡试之资。嘉庆八年(1803)闰二月,王杰欲归故里时,为官40余年,所有之物,仅几十箱书而已。回到韩城后,王杰每有陈奏,嘉庆总是亲自批答,语言和婉,犹如家人。

王杰启程归乡时,嘉庆帝赋诗二首,并亲书条幅,以宠其行。诗中"名冠朝班四十年,清标直节永贞坚"及"直道一身立廊庙,清风两袖返韩城"两句,是对王杰一生最恰当的概括与评价。

## 四、"千古诤臣"数王鼎

王鼎(1768—1842),字定九,号省崖,陕西蒲城人,清代中期杰出的政治家。官至军机大臣、东阁大学士。为政廉洁公正,不畏强权,力排弊政,以端方正直闻名朝野。鸦片战争中,力主查禁鸦片,反对议和,保护林则徐,与以首席军机大臣穆彰阿为首的投降派进行了坚决的斗争,在道光皇帝完全倒向投降派一边的情况下,决然采取了"尸谏"的壮烈举动,怀揣

"条约不可轻许,恶例不可先开,穆不可用,林不可弃"的遗疏,为国献身,以期警示世人,堪为千古诤臣。

王鼎幼年家贫,但学习刻苦。一次,他向邻居借面,人家只借给半斤,回来后,他给书页上写了"半斤面"三字以奋发自励。《献征录》记载,王鼎"少时家极贫,薪米不继者十余年。或日只一餐,出则与祖父易衣。而襟怀超旷,专力攻学,以至成名"。嘉庆元年(1796),他赴京考试。军机大臣王杰见是同乡,又是同姓,召见了他,并索其著作。他避嫌拒绝前去,不愿落个奉迎权贵的名声。王杰得知后乃书写北宋寇准、范仲淹、王曾三大名相的事迹赠之,并赞叹说:"观子品概,他日名位必继吾后。"王鼎考中进士,被选为庶吉士,进入翰林院。后被任命为翰林院编修,累迁至内阁学士。王鼎性情耿直,不好与同僚交往,更不去巴结重臣。《清史稿》记载:"鼎清操绝俗,生平不受请托,亦不请托于人。"为官近20年,默默无闻。后来嘉庆帝翻阅考核官员的文章时,发现王鼎文才不错,感慨地说:"朕向不知汝,汝亦无人保荐,因阅汝大考考卷文字,知汝学问,累次召见,知汝品行,汝是朕特达之知。"由是君臣际遇,恩眷特隆,委以重任。

◎ 清王鼎画像

嘉庆十七年(1812)十二月,王鼎任提督江西学政,后又主持江西乡试。乡试中奉公守法,勤阅荐卷,故所选人才,"素有文誉""清贫积学者多",被誉为"清榜"。在赣四年,请托不受,故在冬季离赣时,有人在路旁谤书"虎

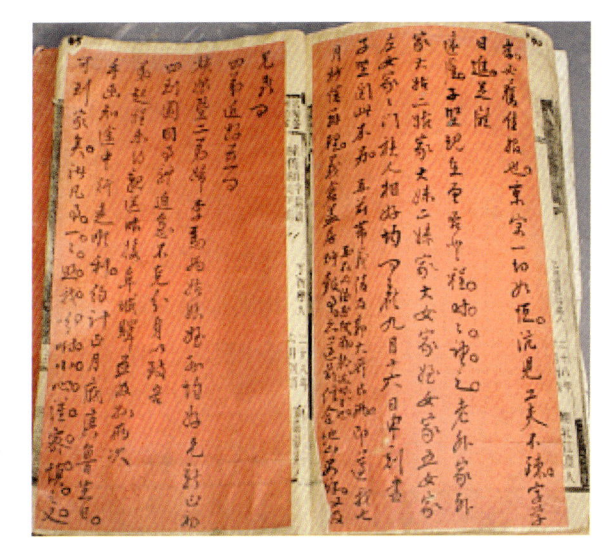

## 第六章　贤相良才　古建生辉——宋元明清时期的渭南

◎ 王鼎家书

其内容反映了王鼎的为人、处世和教育理念，同时也表现了他清新潇洒、圆润秀丽的书法艺术功力

去山犹在"几个大字，王鼎看后，颇为幽默地在旁大书"山在虎还来"！

道光五年（1825），王鼎升为军机大臣，这年他赴浙江主持乡试，并奉命查处德清徐蔡氏一案。由于王鼎事必躬亲，断案公允，先后历9省，大小40余案，多有平反，以"端方正直"著称于世。

道光六年（1826），新疆维吾尔族上层贵族张格尔，勾结英国侵略者叛乱，在天山南麓攻城掠地，抢掳财物，企图割据一方。王鼎积极为道光皇帝出谋划策，制定平叛计划，指挥平叛。翌年七月，清军收复新疆四城，后生擒张格尔。道光以王鼎在平叛中的卓越功绩，加太子少保衔，赏戴花翎，并绘像紫光阁。

道光十一年（1831）起，西方列强，特别是英国，加强对中国的侵略，把大量鸦片运入中国，严重危害国人身心健康，致使白银源源外流。道光十八年（1838）文武官员为是否禁烟开展大争论，湖广总督林则徐数次上奏，驳斥弛禁谬论，申明严禁主张。王鼎力主禁烟反击外来侵略，在禁烟运动中是一位居于特殊地位，有着特殊贡献的重要人物。是年九月初八，王鼎同各大学士拟定了禁烟章程。十一月初十，林则徐抵京。十一日至十八日，道光皇帝八次召见林则徐，商讨禁烟方略，并授钦差大臣，奉命赴广州查禁鸦片。行前，王鼎专门设晚宴饯行，勉励他为国除弊。林则徐即赋诗"同时两荩臣，悲歌向苍昊"，表达两人的深厚友情和忧国忧民的心情。

王鼎在对待英帝国主义问题上主张反抗，反对议和。力荐林则徐之贤，并主张严惩投降派的罪魁祸首、道光皇帝之亲信穆彰阿和琦善。他不顾皇帝的威严与忌讳，当众揭露和怒骂二人，皇帝怒，不愿再见他。王鼎回寓后，深感木已成舟，无力回天，气愤难平，以自己的生命作最后的抗争。道光二十二年（1842）四月三十日晚，他写好遗疏（大意是条约不可轻许，恶例不可先开，穆不可用，林不可弃），并将遗疏揣于怀中，自缢于圆明园寓邸。王鼎忠于职守，以身殉职的精神和气魄，为后世为官者所敬仰，也为今人树立了坚贞、大义的楷模。

### 哭故相王文恪公（其一）

#### 清　林则徐

才锡元圭告禹功，公归遵渚咏飞鸿。

休休岂屑争他技，謇謇俄惊失匪躬。

下马有坟悲董相，只鸡无路奠桥公。

伤心知己千行泪，洒向平沙大幕风。

## 五、"救时宰相"阎敬铭

阎敬铭（1817—1892），字丹初，清末朝邑县（今陕西大荔县）人，清末著名的政治家、理财家。道光二十五年（1845）考中进士，历任巡抚、户部尚书、军机大臣、东阁大学士等。阎敬铭其貌不扬，但廉洁奉公，刚正不阿。在内忧外患、风雨飘摇的清朝末年，阎敬铭以天下为己任，为国库开源节流，为整饬朝纲，缓解时局，改善民生作出了积极贡献。他倡修"丰图义仓"，至今仍为人们所称道。"救时宰相"即是对其功绩的恰当评价。

同治元年（1862）十月，阎敬铭署理山东巡抚，后任工部右侍郎，曾参与镇压太平军、捻军和宋景诗起义军。光绪三年（1877），山西省出现饥荒，朝廷派阎敬铭去视察赈务。到任后，穿一身粗布官服，有敢穿绸缎者，罚捐饷济灾。光绪五年（1879）三月，吉州知州段鼎耀扣留救灾银，阎敬铭奏请朝廷，将其治罪。随后，阎敬铭又上奏，曰："山西、河南、陕西、四川各省差役苦累，请敕分别查办裁减"，得到允准，使各省无名科派大为减少。光绪八年（1882），

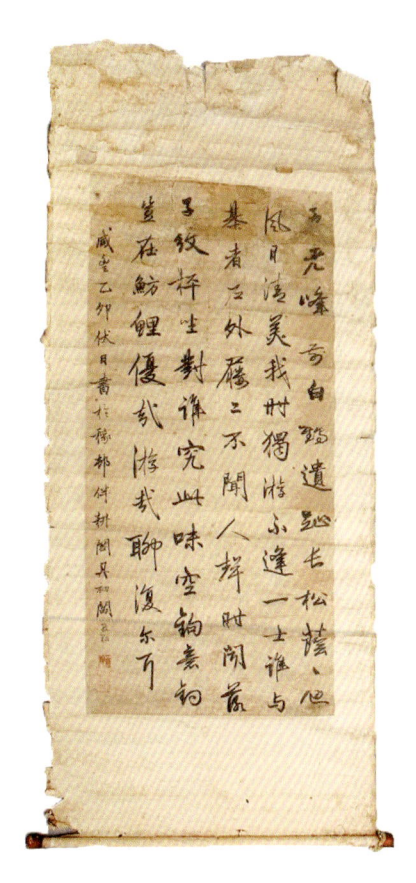

◎ 清阎敬铭行楷书法轴

阎敬铭再次奉诏入京，升为户部尚书。上任第一天，就亲自看账，并叫来档房司官问账。阎敬铭查了账目，再查三库（银库、绸缎库和颜料库）。他亲自入库查点，清查了200多年的库藏和出纳账目，发现了诸多问题，一干人等均被革职查办。同时整顿户部积弊，揭开了许多黑幕。

阎敬铭自任户部尚书后，凡议复各地收支军饷俸饷及防勇口粮，杂支章程等，或裁减或删除、或归并、或酌定额数、或停止部垫、或照章如数拨付，无不力求节约以裕饷源。他至户部之初，国库十分空虚，经过数年治理，就有了大量积存。光绪赞扬说："该大学士近年整顿部务，日有起色，朝廷倚任方深。"他还曾设置义田来赡养族人，规定凡有疾且生活无依的老者，无论男女，都按年发给生活费用，以免其陷于贫病交加的窘境。他临终前，再三嘱咐其子女，死后丧条一定要从简办理，不用音乐酒肉，不用浮屠，不收赙仪。

阎敬铭家居朝邑赵渡镇东街，黄河、洛河从赵渡东西两面流过，于镇南面交汇。时两河不断侵蚀，使赵渡东西南三面被水包围，只有北面剩余很窄的陆地通道，似"金线吊葫芦"之势。他在北京闻知此讯，致函陕西省宪，并倡修河坝解赵渡三面临河之险，同时保障以后黄、洛两河流向固定，人民得以安居乐业。清光绪三年（1877），关中地区大旱，饿死人不少，朝邑尤为严重。当时身为清户部尚书、以善理财政著称的朝邑人阎敬铭深深感到，要改变这样的悲惨境况，仅依靠发展农业生产是不够的，需修建粮仓，"以数乡之众济一乡之众，以数岁之储救一岁之荒，以本地之粮防本地之饥"。在这种思想支配下，他力倡修建义仓，以防不测。自光绪八年（1882）开始，至光绪十一年（1885）结束，历时4年，动用白银3万两，建成"丰图义仓"。慈禧御批为"天下第一仓"，与苏州的丰备义仓并重一时。光绪二十六年（1900），朝邑地区又发生了严重灾荒，丰图义仓开仓赈济饥民，解了燃眉之急。朝邑人民为了纪念倡议修建义仓的阎敬铭，就在仓西修建了一座"阎公祠"。

丰图义仓在今大荔县城东16.2千米处。该仓座北向南，高约8米，东西长133米，南北宽83米，总面积11039平方米。"砖砌周垣，垣内周列仓廒五十有八，饷储粮而满之，市斗可三万余石。"（见《丰图义仓记》）。南壁洞开东、西二门，名东仓门和西仓门，二门之间的中部照壁上嵌着楷书"丰图义仓"4个石刻大字。院西南角有一狭长坡形通道，内有台阶，可以上到仓顶。仓顶面系砖铺，微带坡度，排水流畅，晒粮方便。北仓顶上有仓楼。仓上四周筑有栏墙，墙上又有垛口，若遇敌人及土匪来抢粮，便可以进行有效的抵御。仓外又筑城掘壕，加强防御设施。外城门洞上有"以

◎ 丰图义仓

资捍卫"4个大字。该仓不仅地势高燥，适于储藏粮食，而且规模宏伟，城中有城，固若金汤。登廒顶俯瞰河岳，如诗如画般的景色尽收眼底，使人顿有心旷神怡之感。对于研究经济、军事以及建筑艺术等，均具有较高地参考价值。目前为陕西唯一一座至今保存完好、仍在沿用的城堡式古粮仓。2006年5月被列入全国重点文物保护单位。

阎敬铭重视家教，认为教育好子女非常重要。他认为最理想的状态是"耕读立家"，他说，"只要不出坏子孙，自己不做坏事，力行勤俭，断不至困乏也"。他曾教授乡里，并将相关的警句箴言编辑刊刻，教育子侄、乡里子弟。他对子孙牵肠挂肚，十天半月即写一封家书，为家计与子孙操心。他托人从湖南购得《曾文正家书》12本，寄给儿子，要求其"逐句点阅"，并说曾氏家书的内容可概括为八字要言，"忠信勤慎，事事有恒"，让儿子体味践行。在阎敬铭看来，家教家风比其他都重要。他反复告诫儿子，"勿妄管一事，勿妄交一人，勿妄用一钱，定神气，读经书，体行格言，严教儿子，续先人志事。汝能力行此七语，胜科目仕宦万万倍矣"。

## 六、崇文重教多名儒

渭南地区自古以来文风炽盛，特别是宋元明清时期，府学、州学、县学、乡学、社学、书院等各类教学机构全面兴起，各地文庙林立，考院门庭若市。教育的繁荣发展使得文坛、诗坛得以复兴，因此，孕育了一大批文儒名士，并形成了独具特色的地方文化——陕西关中"东府文化"。

宋元明清时期，渭南境内教育兴盛，文化繁荣，文儒名士辈出，党怀英、李因笃、屈复、严雁峰等皆名冠一时。他们或主持编史，或从事文学创作，或擅于书法绘画，或著书立说。众多的文儒名士及其作品，为中国思想文化的发展作出了杰出贡献。

**文坛领袖党怀英** 党怀英（1134—1211），字世杰，号竹溪，金代冯翊（今渭南市大荔县）人。少与辛弃疾同师刘瞻，后应金世宗大定十年（1170）试，中进士第。先后任莒州军事判官、汝阴县令、国史院编修官、应奉翰林文字、翰林待制、兼同修国史。金章宗初即位，好尚文辞，旁求文学人材以备侍从，向宰臣说："近日制诏惟党怀英最善。"可以说他是金朝中叶著名的文学家、史学家和书法家。他性乐山水，常以诗酒自娱。其作品超尘脱俗，不尚虚饰；书法尤工于篆籀（zhòu）。大定二十九年（1189）充《辽史》刊修官，承安二年至三年（1197—1198），党怀英先后任泰宁军节度使、翰林学士承旨（首席翰林学士）。在任期间广泛收集民间辽代碑铭墓志及诸家文集，写成《辽史》的基本部分。卒于大安三年（1211），谥号"文献"，后《辽史》由陈大任续成全书。著有《竹溪集》10卷。后人称誉他是"金代中期的文坛领袖，诗文书法俱享盛名，词作亦颇臻妙境"。

**关学大师李因笃** 李因笃（1632—1692），字子德，号天生，祖籍富平县薛镇乡韩家村，明末清初学者、诗人。李因笃经学造诣深厚，所著《诗说》《春秋说》备受时人推崇。他崇尚程朱理学，强调经世致用，把经史贯注于理学之中，为关学的代表人物之一。他还长于文学，提倡"文必秦汉、诗必盛唐"，反对浮华文体。所作诗词，格律严谨，意味醇深。康熙年间，被推荐为博学鸿儒一等，授翰林院检讨，主持纂修《明史》。一生著述颇丰，现保存有《广韵正》（4卷）、《汉诗音注》（5卷）、《汉诗评》（5卷）、《受祺堂诗集》（35卷）及《受祺堂文集》（15卷）。

◎ 康乃心组印

康乃心（1643—1707），字孟谋，号太乙，清初郃阳县城槐里（今渭南市合阳县文化街）人，诗人、金石专家。康熙三十八年（1699）举人，博学能文，著述甚丰，有《莘野集》《太乙子》《莘野遗书》《莘野三千里诗钞》，曾编纂《韩城县志》《平遥县志》。时有"关中三李（指李因笃、李颙、李雪木），不如合阳一康"之说

**"三秦之秀"屈复** 屈复（1668—1745），初名北雄，字见心，号晦翁，又号金粟老人，清代蒲城县人。青年时抛弃功名，义不仕清，辞乡游历各地，在外著书授徒50余年。他不仅是一位具有崇高民族气节的爱国志士，还是一位多产的现实主义诗人和著作家，存诗2000多首。他以《弱水草堂诗集》成为寄托派诗歌的代表人物和寄托派理论的奠基人。此外，还著有大量的理论著作及评注，如《楚辞新注》《唐诗成法》《乐府新解》《玉溪生诗意》《杜诗评》等，为诗歌理论研究作出了重大贡献。

**"花部泰斗"李芳桂** 渭南市拥有极为丰富的民族、民间戏曲遗产。元明时期，渭南地方戏逐步兴盛，形成了秦腔、同州梆子、碗碗腔、阿宫腔等地方剧种，以地摊戏、皮影戏、木偶戏等形式广泛流传于民间。至清代，渭南地方戏空前繁荣，秦腔、同州梆子、跳戏、碗碗腔、迷胡、阿宫腔、线腔、老腔、渭华秧歌、韩城秧歌、石羊道情等十几种戏剧均独树一帜，

全面开花。这些剧种流传广泛，影响深远，在剧本、表演、音乐上各具特色，是广大人民群众喜闻乐见的民族艺术形式。这样的文化艺术土壤，曾几何时，孕育出了诸多的艺术之星，这其中最耀眼的当属"花部泰斗"李芳桂。

李芳桂（1748—1810），名鹏，字林一，号秋岩，渭南市临渭区蔺店镇李十三村人，清代乾嘉时期的著名剧作家。他创作了很多优秀的剧本，先后为花部戏皮影碗碗腔创作的剧本：八部本戏《春秋配》《白玉钿》《香莲佩》《紫霞宫》《如意簪》《玉燕钗》《万福莲》《火焰驹》和两部折戏《四岔捎书》《玄玄锄谷》，民间惯称为"十大本"。其剧本题材新颖，贴近生活，雅俗共赏，具有强烈的现实主义精神，深受广大人民群众的喜爱。自他去世后200多年来，他的剧本盛演不衰，"李十三"的名字享誉全国。

> 皮影戏，又称影子戏或灯影戏，是一种以兽皮或纸板做成的人物剪影，在灯光照射下用隔亮布进行表演的民间戏剧。皮影戏是中国民间古老的传统艺术。表演时，艺人们在白色幕布后面，一边操纵影人，一边用当地流行的曲调讲述故事，同时配以打击乐器和弦乐，有浓厚的乡土气息。

## 七、古建民居冠三秦

渭南地区迄今遗存的宋、元、明、清时期的古建筑达239处之多，种类丰富，包括佛教、道教以及祭祀古圣先贤的寺庙、祠、楼、塔以及文庙、书院、考院、仓城、传统民居、桥等，是陕西省古建筑最密集的地区。其造型、风格各异，建筑技术高超，绘画、雕刻等装饰艺术特色鲜明，堪称中国古代北方建筑艺术的代表。

**1. 古塔**

渭南地区古塔林立，分布遍地，多为佛寺内建筑。较完整的有37座，皆气势雄伟，造型各异，建造技术高超。唐塔造型端庄，施艺精巧，气势非凡；宋塔沿袭唐塔形制，而造型趋于典雅秀美，塔身雕饰增多。华州区的蕴空寺塔、蒲城县的崇寿寺塔、合阳县的大象寺塔、临渭区的庆安寺塔等为其代表作。众多的古佛塔表明昔日渭南地区的佛教活动长盛不衰。

**大象寺塔** 大象寺位于合阳县城关镇安阳村东北的黄土塬上，又称龙王庙塔、平政塔、安阳塔。该塔为宋代方形十三级密檐式实心砖塔。大象寺于抗日战争时期废毁，仅存寺塔。现塔为宋代建筑风格，残高28米，底边长4.8米。基座已埋没。塔身底层较高，面西辟券门，门高21米，宽0.9米。内设塔心室，券室后壁残留佛背光图样，顶部为砖结构藻井。二层以上实心。第二层和七层东、南两面辟券龛，三层东、西两面辟券龛，其他各层均为素面。层间叠涩檐下施阑额、菱角牙子，出双排或单排椽头和瓦垄。其中，底层檐下置四铺作单抄斗栱，补间铺作为单栱。塔顶已毁。一层和五层塔檐亦多有砖块脱落。塔前10余米有建筑基址1处，散布有残砖瓦。原有明隆庆六年（1572）"大象寺花云居碑"1通，碑文记载山西道监察御史进香事宜。因受黄河切割地层和地球自转影响，合阳县境内的古塔均向东北方向倾斜，而大象寺塔尤甚。据测量，现塔顶偏离中心值已超过5度，或有倾颓危险，为陕西"斜塔"之最。2013年被国务院公布为全国重点文物保护单位。

**金龙寺塔** 金龙寺塔位于大荔县朝邑镇大寨子村东。寺已无存。《大荔县志》记载，塔始建于唐贞观元年（627），明嘉靖三十四年（1556）毁于地震，明末重建。塔为八角楼阁式砖塔。共七层，通高25米，底边长3.6

米，塔身底层东向辟券门。层间自塔身向外做叠涩出檐，除二层以外，各层叠涩下均有仿木结构普柏枋、联系枋及斗口跳砖雕。塔室一层内北、西、南三侧塔壁有佛龛三处，沿西北角有砖砌踏步，塔内回廊绕天井可登至塔顶。由二层至塔顶，各层东、西、南、北四面均辟有砖砌券门，可沿出格绕塔一周。塔室内有八边形天井，可上下相望。攒尖顶，塔刹已残，仅存刹杆。金龙寺塔是砖砌佛塔，对于研究佛塔的建造法式有较高价值。2008年被陕西省人民政府公布为第五批陕西省文物保护单位。

**慧照寺塔**　慧照寺塔位于临渭区以北3千米的下邽镇慧照寺后院内。远眺巍巍壮观，近看则造型细致。塔底南门石拱洞口，浮雕二龙戏珠，纹饰凸起，雕工巧夺，精美无比。慧照寺塔为方形楼阁式砖塔。共九层，通高36米，底边长6.6米。塔基方形。塔身每面作三开间，底层南面辟券门，塔壁四下角各承石雕金刚力士1尊，二层以上，每面明间辟券窗。塔顶平砖攒尖，置宝瓶式铜刹。底层门楣浮雕二龙戏珠，门外东壁嵌万历九年（1581）"下吉慧照寺塔重修塔记"碣1方。文曰：

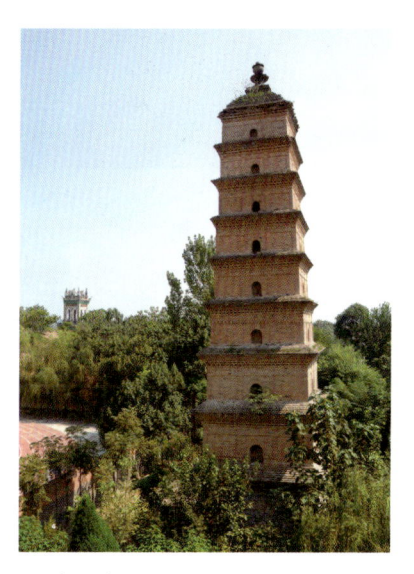

◎慧照寺塔

塔始建于宋真宗咸平之二年，景德中寇准免相归谒于此，因绘真像于塔后。越大观重修，功尚未完，迄至元泰定帝接修，始观厥成焉。迨我皇明嘉靖三十四年十二月关中大震，塔复折毁。时居僧杨师讳曰受、刘师讳曰众，二僧幻悟聪敏善明等，额既而访道于南京，绘水陆神像无可解归，顾塔而叹曰："此塔倾复久矣，欲举故迹而重修，吾人所当从事也。"乃乞吉镇父老为功德主，于是岁七月望日起工而重修焉……2013年，慧照寺塔被国务院公布为全国重点文物保护单位。

◎ 慧照寺塔局部

在陕西渭南市各县，几乎都能看见一种名字各异、层数不等的古塔，它不属佛教塔的范畴，独成体系，类归风水塔。如韩城现存就有10余座风水塔，分别为党家村文星阁、眢村文星塔、东王村塔、北赵村塔、西高门塔、堡安塔、北高门东南塔、南西庄塔、段家堡塔、鸦儿坡寨子塔等。建造历史为金、元、明、清时期。古人按照"天倾西北，地陷东南"的意象，各村寨都在村子东南方建风水塔，以祈文运昌盛，调风水和保佑全村人平安。

## 2. 文庙

文庙即孔庙，又称夫子庙，是祭祀供奉中国古代伟大思想家、教育家、儒家文化创始人孔子的苗学合一的祠庙建筑，是源远流长的儒家文化圣地。唐以后，渭南州、府、县治所都建有文庙。其数量之多、规制之高，建筑技术与艺术之精美，在全国范围内十分突出，具有很高的历史、艺术和科学价值。

**韩城文庙**　位于韩城市金城区学巷内，为一组布局完整、规模宏大的明清建筑。文庙始建年代不详，明洪武四年（1371）重建，后经多次维修。占地面积约14000平方米，坐北朝南，整个建筑群由中轴四进院落组成，共有建筑22座，房舍80余间。另存明清"重修学宫碑"与"重修庙学碑"等10余通。韩城文庙格局规范，结构严谨，主要建筑保存完好，仍保留元、明两代建筑形制风格，为陕西省现存最完整的文庙建筑群。

◎ 韩城文庙组图

**蒲城文庙** 位于蒲城县县城中心，又叫"学宫"，始建于唐贞观四年（630），宋元明清各代均有修葺，现存建筑为明清风格。整体建筑群坐北朝南，共有四进院落，总面积16600平方米，围墙长度7120米。主要建筑有六龙壁、棂星门、戟门、大成殿、明伦堂等。

**合阳文庙** 位于合阳县县城中心，始建于北宋大观年间（1107—1110），明洪武、万历时期两次重修，现存建筑为明代建筑群。主要建筑有大成殿、尊经阁，另有明伦堂3间，两斋、两庑、厢房共54间，总面积6750平方米，建筑面积2173平方米。整体建筑风格古朴，雄伟肃穆，比例匀称，坚实稳固。

### 3. 书院

书院是中国传统教育的重要形式，是文化传承的摇篮。宋代以后，陕西渭南地区的书院教育得以复兴。元明时期，著名的关学代表人物冯从吾在华阴创办书院，开展讲学活动。华州区少华书院、华阴太华书院等一批书院兴起。清代，府学、州学、县学、书院、乡学、社学等各类教学机构全面兴起，顾炎武、王宏撰曾在华阴设"朱子祠"设馆教徒，华阴"云台书院"，成为我国西部著名的书院之一。各类教育机构的兴起，对积累和传播文化、培养人才、引领社会舆论，进而丰富和发展中国古代的思想宝库起到了积极的作用。

## 明清时期渭南境内书院一览表

| 书院名称 | 位　置 | 创建时间 | 创建者 |
|---|---|---|---|
| 正学书院 | 蒲城县 | 明正统年间（1436—1449） | |
| 崇礼书院 | 蒲城县 | 明正德五年（1510） | 邑绅雷雨 |
| 新城书院 | 富平县连城堡 | 明嘉靖九年（1530） | 知县刘希简 |
| 华山书院 | 华州儒学北街 | 明嘉靖三十五年（1556） | 知州朱茹 |
| 西河书院 | 合阳县治儒学南侧 | 明隆庆年间（1567—1572） | 知县李希松 |
| | 朝邑县城学宫侧 | 清康熙十八年（1679） | 知县朱集 |
| | 韩城县 | | 诸生晋宾王主讲 |
| 太华书院 | 华阴县华山青柯坪 | 明万历三十六年（1608） | 知县崔时芳、教谕张辉 |
| 四知书院 | 华阴县东二十里泉店 | 明万历四十年（1612） | 知县王九畴 |
| 明新书院 | 潼关卫治西街文庙前 | 明万历年间（1573—1619） | 御史张维任 |
| 鹤鸣书院 | 蒲城县文庙 | 明天启、崇祯年间（1621—1644） | 举人单许昌 |
| 萝石书院 | 韩城县南门外左公祠 | 明崇祯五年至十年（1632—1637） | 知县左懋弟 |
| 明德书院 | 白水县治西 | 明崇祯十二年（1639） | 知县王无逸 |
| 五凤书院 | 渭南县东关五指山麓 | 清顺治五年（1648） | 知县张联弟 |
| 水东书院 | 澄城县县城西门外 | 清顺治十七年（1660） | 知县吴定 |
| 仰华书院 | 华阴县治东 | 清康熙五十一年（1712） | 知县简廷佐 |

续表

| 书院名称 | 位　　置 | 创建时间 | 创建者 |
| --- | --- | --- | --- |
| 城隍书院 | 白水县城隍庙西侧 | 清康熙五十二年（1713） | |
| 龙门书院 | 韩城县县署左 | 清康熙五十七年（1718） | 知县杨鉴 |
| 关西书院 | 潼关道署西 | 清雍正七年（1729） | 潼商道张正瑗 |
| 秀峰书院 | 华州州城官道之南 | 清乾隆元年（1736） | 知州席绍葆倡建 |
| 南湖书院 | 富平县城东南东屏堡 | 清乾隆三年（1738） | 知县乔履信 |
| 香山书院 | 渭南县二公馆址 | 清乾隆七年（1742） | 知县王帮光 |
| 通川书院 | 富平县流曲善凝寺 | 清乾隆十二年（1747） | 知县李世垣 |
| 尧山书院 | 蒲城县县治西南 | 清乾隆十四年（1749） | 知县罗文思 |
| 云台书院 | 华阴县华山云台观西隅 | 清乾隆十六年（1751） | 知县姚远翱 |
| 奎文书院 | 韩城县城东 | 清乾隆十六年（1751） | 知县郑仔 |
| 古莘书院 | 合阳县城东街元圣祠旁 | 清乾隆二十年（1755） | 知县杨发智 |
| 华原书院 | 朝邑县治西 | 清乾隆二十四年（1759） | 知县杨衍嗣捐俸创建 |
| 丰登书院 | 大荔县东门 | 清乾隆二十五年（1760） | 同州知府李星耀、大荔知县王勋 |
| 象峰书院 | 渭南县城内东山下 | 清乾隆二十六年（1761） | 知县成汝舟 |
| 玉泉书院 | 澄城县城文庙 | 清乾隆三十一年（1766） | 知县额乐春 |
| 彭衙书院 | 白水县城内察院巷 | 清乾隆四十二年（1777） | 知县王希伊创建 |
| 壶梯书院 | 澄城县冯原镇 | 清乾隆四十四年（1779） | |
| 少梁书院 | 韩城县芝川镇 | 清乾隆五十二年（1787） | 知县傅应奎 |

续表

| 书院名称 | 位置 | 创建时间 | 创建者 |
|---|---|---|---|
| 古柏书院 | 韩城县北西庄镇 | 清乾隆末期 | 彦某 |
| 少华书院 | 华州城西南 | 清嘉庆十八年（1813） | 邑人史芝 |
| 景贤书院 | 渭南县棠村里寇莱公祠 | 清道光三年（1823） | 举人唐顺祖 |
| 冯翊书院 | 大荔县治东 | 清道光二十六年（1846） | 知县熊兆麟 |
| 文竹书院 | 韩城县 | 清道光八年（1828） | 知县江士松 |
| 快园书院 | 韩城县 | 清咸丰七年（1857） | 知县莫元庚 |
| 湖山书院 | 富平县署东南富厚仓址 | 清同治八年（1869） | 知县江汇川 |
| 育英书院 | 澄城县王庄镇 | 清同治八年（1869） | |
| 友仁书院 | 朝邑县城东街 | 清同治十三年（1874） | 知县黄照临捐俸 |
| 渭川书院 | 渭南县 | 清光绪二年（1876） | 知县张国钧 |
| 文介书院 | 朝邑县南寨子阎公祠内 | 清光绪二十五年（1899） | 阎乃竹用阎敬铭捐4500两白银创建 |
| 灵台书院 | 蒲城县兴市镇心合村 | 清宣统元年（1909） | 举人吉慧圣 |

资料来源：渭南市地方志办公室编.渭南市志（第四卷）[M].西安：三秦出版社，2011.

## 4. 清代考院

清代考院位于蒲城县城东槐院巷。清光绪二十一年（1895）兴建，占地6200平方米。该考院除用作考场外，也是上级官员来蒲城巡察时歇息的"行辕"。考院坐北朝南，四进院落，由5个院落组成，有考房24间。其建筑

◎ 蒲城县清代考院

均为小式大木结构，青砖硬山灰顶，房屋错落有致。整座建筑群落结构严谨，布局合理，气氛庄重素雅。是陕西省唯一一处保存完整的童生科考场。现为蒲城县清代考院博物馆。

**5. 大禹庙**

大禹庙，位于韩城城东 2 千米黄河崖畔新城办周原村。大禹庙始建于元大德五年（1301），明万历七年（1579）重修。坐北朝南，占地面积 2625 平方米。现存献殿、寝殿，两殿前后相连。献殿面阔三间，进深一间，硬山顶，当心间用两根八角形砂石立柱，东柱内侧上部阴刻"时大元国大德五年岁次辛丑孟夏置"等字样。寝殿面阔 3 间，进深四椽，悬山顶。殿内设神龛，龛为木作砖基，制作精致，有栩栩如生的花鸟人物浮雕、透雕和绘画，东、西分别为三头六臂驾龙腾雾的护法神像和唐将汾阳王郭子仪夫妇并坐像整个塑像。殿龛有壁画，东、西墙分别为《西游记》中孙悟空收降红孩儿的故事和郭子仪"宴庆图"和"受降图"。庙内还保存有 6 架文武神楼，有造型不同的赫虎、灵观、观音、娘娘、牛王、马王、风神、雷神等塑像 30 尊。经鉴定，泥塑、壁画为明万历七年（1579）重修时的作品，弥足珍贵。

庙内保存有清嘉庆年间"大禹庙"木匾一块和明万历年间"重修大禹王庙碑记"一通。是渭南为数不多的元代建筑遗存。

### 6. 普照寺

普照寺位于韩城市昝村镇吴村寨，始建于元至正十年（1350），清康熙、道光年间曾重修。占地面积1725平方米，坐北向南，由大殿、朵殿和偏殿组成。主要建筑大殿，面阔5间，进深3间，单檐歇山顶。殿内保存着塑于元泰定三年（1326）的释迦摩尼、文殊、普贤、阿难、迦叶5尊彩色塑像，还有130余幅明清藻井画。殿前东侧为珈蓝殿，西侧为护法殿；殿后有观音洞和禅院。大殿东西还有土地庙、关帝庙各一间。整座建筑气势宏伟，布局独特，佛家文化气息浓郁，是渭北地区重要的佛教建筑代表。

### 7. 韩城城隍庙

韩城城隍庙位于韩城市金城区东部，南向而居，平面呈"丁"字形。南北长202米，东西宽76米。中轴四进院。中轴建筑有牌坊式壁屏门、琉璃龙照壁、山门、政教坊、威明门、广荐殿、德馨殿、灵佑殿、含光殿，配列有"两壁""两坊""两廊""四楼""两庑"。灵佑殿内有明崇祯十五年（1642）铸造的城隍神之铜坐像和铜鼎。东西两侧有道院，是一组元、明、清风格建筑群。2001年6月被公布为全国重点文物保护单位。

> 城隍是古代神话中守护城池之神，为道教信奉。周时八蜡之祭，为祭城隍之始，唐代郡县皆祭城隍，宋以后其祀遍天下。城隍庙庙会在每年的农历八月二十前后，凡五日，史书描绘其时"商贾辐辏，百货云集；士女朝礼，香火杂沓；箫鼓燕享，备极繁华；乐伎歌舞，尽态极妍"。

### 8. 西岳庙

西岳庙也称华岳庙，位于华山北麓5千米处，是历代王朝祭祀华山的场所和华夏最早的祭祀庙宇之一。始建于汉武帝元光初年（前134），成于汉魏，唐宋多次续建整修，兴盛于明清，迄今2100余年。坐北朝南，南望莲峰，北瞰黄、渭、洛三河，占地14.32万平方米。

西岳庙为华山注入了灵性和神韵，也承载着厚重的山岳文化。祭祀是西岳庙的主流文化，祭祀大殿（灏灵殿）供奉着五帝之一的华山神白帝少昊，五行为"金"，卦位曰"兑"，主管秋季，职方西土，生财祥瑞，福佑民生。典籍记载，唐玄宗、宋真宗、康熙皇帝等先后亲莅西岳庙，隆重祭祀。庙内古迹弥珍，文物荟萃。"天威咫尺"石牌坊等雕刻技法精湛，令人叹为观止。"汉碑""北周碑""唐玄宗天下第一碑""乾隆卧碑""慈禧题匾""颜真卿题记""左宗棠篆碑"等堪称瑰宝，闻名天下。此外，西岳庙还演绎出"宝莲灯""雪映宫"等美丽动人的故事传说。千百年来形成的"登山先拜庙，祈福佑平安"风俗民情的规仪，是"完整"华山的展现。

西岳庙的整体布局依据古代建筑园林"居中为贵，主体为尊，规制严明，

◎ 西岳庙

等级有序"的理念，为"轴线对称，前后列置，左右展开"，形似北京故宫，主要建筑均覆以等级最高的黄色琉璃瓦，体制尊崇，肃穆壮观，具皇家气派，素有"陕西故宫""五岳第一庙""宝莲灯故地"之殊誉，是西北地区现存规模最大的古殿堂建筑群。

### 9. 民居瑰宝——党家村明清古建筑群

党家村明清古建筑群位于韩城市东北9千米的西庄镇境内。由"党圪崂"和"泌阳堡"两大部分组成。始建于元至顺二年（1331），明清时期修葺、扩建。居民以党姓和贾姓为主，住户320家，1400口。民居建筑以四合院为主体，现有保存完好的四合院125院。每个院落集石雕、砖雕、木雕为一体，堪称建筑、书法、雕刻艺术的综合展现。另有祠、阁、楼、牌坊等公共设施，民居特色显著。

◎ 韩城党家村建筑群局部

《周礼·考工记》认为，房屋建造是与"礼"联系在一起的。我国古代建筑都是遵循这一思想建造的，党家村四合院的建筑理念与布局也充分体现着这一思想。在党家村四合院中，门房为首，房屋尺度略高；厅房为主，房屋尺度最高；厢房用于生活起居，房屋尺度略低，且使用上有"兄东弟西"的规矩。显然，以宗法为基点的礼学思想和位次尊卑观念融入了四合院建筑。家训是四合院的重要组成部分，嵌在四合院的墙体上，涵盖了忠、孝、节、俭、仁、义、礼、善、祥、勤、和、择、养等。四合院建筑理念与家训相得益彰，是建筑文化与意识形态的完美结合。以此警示世人，家不仅是一个经济单位和安身之所，更是一种秩序与精神的载体。这种融入建筑的家训更具传承性和教育性。

### 10. 天下奇观——桥上桥

桥上桥为双层石拱桥，位于今渭南市华州区赤水镇街西200米处，东西走向，横跨赤水河。下桥建于清康熙六年（1667），因山洪泻沙，淤积河道，导致河床升高，壅塞桥孔，遂于道光十二年（1832）在原桥之上又砌石增高，加造一桥，遂成奇观。桥原长70米，现长约54米，面宽5.4米，高7.9米。上下桥拱券对应，形制相同，均为九孔。每拱跨3.4米，高3.1米。桥墩用石碌碡垒砌，上桥南侧石雕6个龙头，北侧对称雕6条龙尾，造型栩栩如生。

◎ 桥上桥

### 11. 炼土生辉——尧头窑

在陕西省中部偏北，以铜川市为中心的区域，有一道东西向的煤炭分布带，如同在陕西版图中腰上系扎了一条带子，俗称"渭北黑腰带"。黑腰带的矿产不但有煤炭，还有共生的铝、石灰石、瓷土等。澄城县即位于黑腰带的东端，境内蕴含着丰富的煤炭和瓷土矿藏。资源的优势带来了技术的传播，最晚到元代，制瓷技术便已传到了澄城县区域，在县城西南10千米的尧头村落地生根，并逐渐形成了一个瓷业聚集的工业小镇——尧头镇，产品遍销关中东部及相邻的山西地区，声名远扬。尧头窑陶瓷主要产烧于尧头镇，据《澄城地名志》记载，尧头镇古称"窑头镇"，因瓷器窑较多而得名，然由于"尧"与"窑"同音，久而久之，"尧"这一响亮的字符慢慢取代了瓷窑之"窑"，"尧头镇"这一名称便因此而生，且沿用至今。

澄城县尧头窑是陕西渭北历史上著名的民间瓷窑，系耀州窑系的重要组成部分。尧头窑始于唐，兴于宋，盛于明清，至今窑址保存完好，窑火不熄。所烧制的瓷器，瓷土、颜料、燃料多取材于当地，以黑釉瓷为主，兼烧青釉和杂色釉。造型大巧若拙，挺秀大方，其烧制技艺被列入国家首批非物质文化遗产保护名录，被誉为"纯正的土瓷，地道的黑珍珠"。

古往今来，澄城尧头窑烧制的瓷器，大部分是当地人民群众日常生活用品，种类繁多。诸如缸、盆、碗、炉、罐、瓶、盏、托、灯、玩具等，用手工拉坯或脱坯成型，施釉。无论是划花、刻花，形象均生动活泼，笔法简洁豪放，结构严谨匀称，造型挺秀大方，从而构成了澄城尧头窑独特的艺术风格。特别值得一提的是尧头窑的带盖小罐，堪称一绝，代表天地合一的各种形态的小罐，盖子上有的爬着老鼠，活灵活现，圆圆的肚子喻意着来年丰收的喜悦。以老鼠喻多子的生殖繁衍符号，以罐盖（弧形）喻苍穹，罐底喻大地，以罐喻天圆地方的宇宙。有的罐盖上以狮子、狗熊、猴

◎ 老鼠罐

子等造型作钮,造型灵动,妙趣横生。

澄城尧头窑迄今已有千余年,烧制陶瓷的窑火延续至今。窑火不息,生命不止。这不仅是一种精神的传承,更是中华文化的薪火相传。

# 附录

**游客服务信息**

**一、展厅介绍**

1. "与华相宜——渭南故事"基本陈列

本展览以人物为主线,按照"人物+文物+历史事件"的展陈思路布展。每个单元以历史时代为背景,选择渭南著名人物、代表性事件、重大成就作为节点,以"点"串"线",以"线"构"面",突出各个时代渭南的人文特征。

2. "百年沧桑——渭南记忆"陈列展览

本展览是渭南市博物馆自主策划并实施的原创性展览,主要展现渭南近代以来的社会发展变迁,展示百年渭南的重大事件、主要成果,重点表现在中国共产党领导下渭南的发展实践与辉煌成就。

## 一层平面图

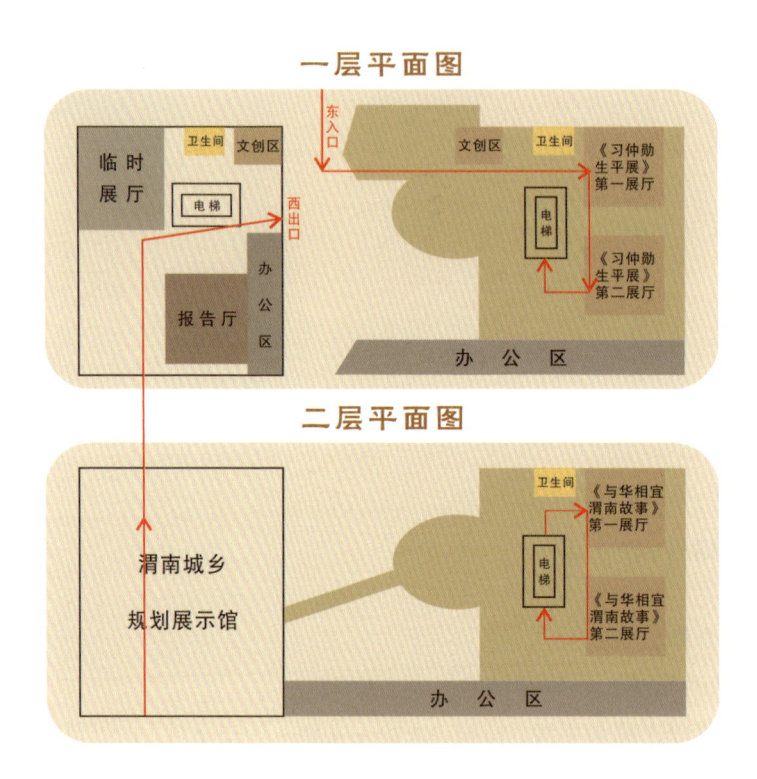

## 二层平面图

## 三层平面图

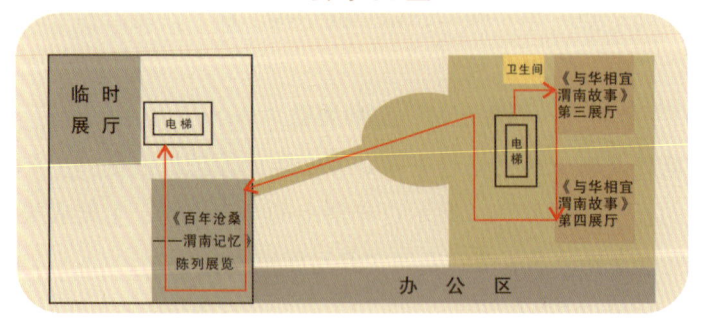

◎ 馆内导览平面图

## 二、参观须知

1. 开放时间

9：00—17：30（17：00 停止领票）；

周一日常闭馆维护（法定节假日除外）。

2. 领票方式

持二代身份证或其他有效证件至票务中心免费领票。

3. 入馆方式

请接受安全检查、检票后入馆参观。

## 三、联系我们

馆　　　址：渭南市乐天大街中段

邮　　　编：714000

票务中心：0913—2559941

讲解预约：0913—2559963

网　　　址：www.wnsbwg.com

## 四、交通路线

公交车 17、18、19、216、316 路博物馆站下；

公交车 21、26 路中心医院东门站下；

公交车 8、13、16 路胜利大街三贤十字站下。

**五、社教活动及课程**

2019年以来渭南市博物馆先后完成"过年七天乐"小小讲解员义务讲解活动、元宵节竞猜灯谜、5·18国际博物馆《博物馆是一座大学校》原创音乐快板排演等，策划实施了"我们的节日"系列社教活动，以中华传统节日为节点，先后开展了"金猪抱福迎新春"系列活动，"欢欢喜喜闹元宵"猜灯谜活动，"美好端阳"端午系列活动，六一儿童节"手作之美"木版画、拓片体验活动，"七夕之夜"，"愿逐月华流照君"中秋活动、喜迎元旦筑梦童年之博物馆"嘉年华"等活动。

同时，通过重大活动，探索博物馆社教课程的策划、开发和实施。先后组织开展了绘制团扇、缠制丝线粽子香包、做绿豆糕、木版画、拓片、搭建倍力桥、泡巧芽、纺线、织布做月饼、草颜花色等项目，并参与开展了钻木取火、泥塑、尖底瓶打水、麻绳的智慧、植物锤染、"泥"好陶陶、书法、中国结、诗词飞花令、修复文物等20多项社教活动，参与活动的中小学生近万人次，基本实现渭南市博物馆社教项目的起步，为下一步社教课程的丰富和提升奠定了基础。

"博物馆进校园"活动，先后走进白水县史官中心校、临渭区阳郭小学、大王小学和华州区瓜坡镇小学，为孩子们送去流动的博物馆。在现场为孩子们讲述渭南悠久的历史、灿烂的文化以及丰富的文物，让偏远乡村的孩子建立对博物馆的初步认识，让古老文明的光辉为孩子们的成长增添一缕绚烂色彩，让仁人志士的故事增加孩子们爱家爱乡爱国情感。

一系列活动吸引了广大市民尤其是青少年的积极参与,受到市民和媒体的广泛关注和一致好评。如有意愿参与渭南市博物馆教育活动者,请关注渭南市官方微信公众号。

## 六、特色产品

目前渭南市博物馆根据馆藏文物及渭南文化元素设计开发了2个系列8款文创产品。

1. 花蝶纹系列

渭南市博物馆根据馆藏清代花蝶纹高足盘盘心花蝶纹图案设计开发了花蝶纹帆布包、花蝶纹伞、花蝶纹笔记本共计3款文创产品。

◎ 花蝶纹系列

## 2. 仓颉造字系列

渭南市博物馆根据渭南"三圣"之一的"字圣"仓颉造字的故事设计开发了仓颉造字帆布包、仓颉造字伞、仓颉造字团扇、仓颉造字笔记本共计 4 款文创产品。

◎ 仓颉造字系列

## 3. 博物馆馆标团扇

渭南市博物馆标志是根据国宝"黑陶鸮鼎"的形象设计而成,根据馆标设计团扇 1 款。

◎ 渭南市博物馆 logo 团扇

附录

## 渭南市博物馆周边景点

地图标注：

- 金粟山森林公园
- 唐睿宗桥陵
- 唐宪宗景陵
- 法源寺塔
- 清代考院博物馆
- 杨虎城将军纪念馆
- 唐顺宗丰陵
- 陕西天文台
- 蒲城县
- 唐中宗定陵
- 王翦墓
- 卤阳湖景区
- 大荔人遗址
- 习仲勋纪念馆
- 富平陶艺村生态文化旅游区
- 富平县
- 寇准墓
- 慧照寺塔
- 八鱼石墓群
- 阎良区
- 渭南市博物馆
- 渭南市
- 临渭区
- 桥上桥
- 华州区
- 少华山国家森林公园
- 潜龙寺
- 桃花源景区
- 秦始皇兵马俑博物馆
- 秦始皇帝陵博物院
- 临潼区
- 航天测绘装备博物馆
- 渭华起义革命旧址
- 骊山国家森林公园
- 石鼓山森林公园

图例：
- ● 渭南市博物馆
- ● 主要人文景点
- ● 主要自然景点
- ⊙ 地级行政中心
- ⊙ 县级行政中心
- ── 高速公路
- ── 国道
- ▨ 街区

◎ 渭南市博物馆周边景点

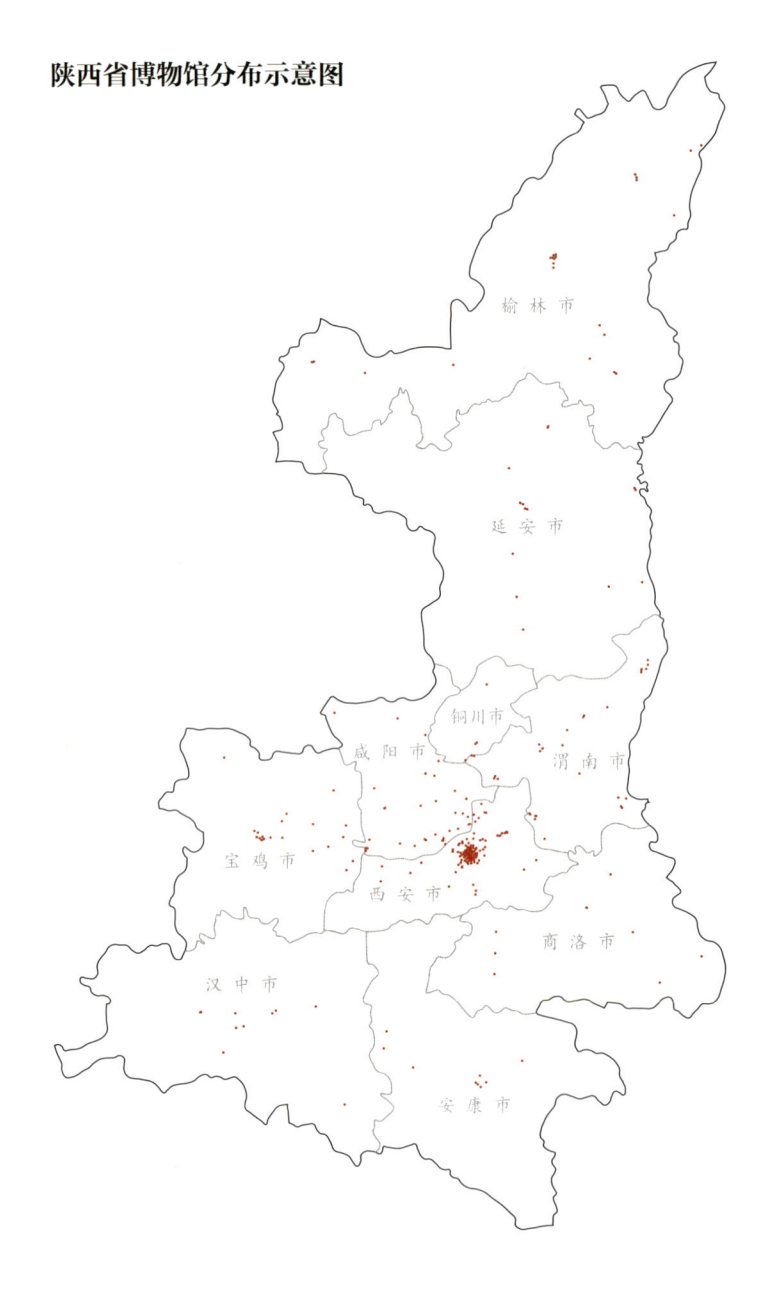

**陕西省博物馆分布示意图**

## 陕西省博物馆名录

| 序号 | 名称 | 地理位置 | 性质 | 等级 | 备注 |
|---|---|---|---|---|---|
| 西 安 | | | | | |
| 1 | 陕西历史博物馆 | 小寨东路91号 | 文物 | 一级 | 免费开放 |
| 2 | 秦始皇帝陵博物院 | 临潼区 | 文物 | 一级 | |
| 3 | 西安碑林博物馆 | 三学街15号 | 文物 | 一级 | |
| 4 | 汉景帝阳陵博物院 | 泾河工业园 | 文物 | 一级 | |
| 5 | 西安博物院 | 友谊西路72号 | 文物 | 一级 | 免费开放 |
| 6 | 西安半坡博物馆 | 半坡路155号 | 文物 | 一级 | |
| 7 | 西安事变纪念馆 | 建国路69号 | 文物 | 二级 | 免费开放 |
| 8 | 八路军西安办事处纪念馆 | 北新街七贤庄1号 | 文物 | 二级 | 免费开放 |
| 9 | 西安市钟鼓楼博物馆 | 西大街1号 | 文物 | | |
| 10 | 西安市青龙寺遗址博物馆 | 铁炉庙村北1号 | 文物 | | 免费开放 |
| 11 | 汉长安城遗址长乐宫四、五号遗址陈列馆 | 罗高路罗家寨村 | 文物 | | 免费开放 |
| 12 | 丰镐遗址车马坑陈列馆 | 长安区马王镇沣京中路10号 | 文物 | | 免费开放 |
| 13 | 临潼区鸿门宴博物馆 | 临潼区鸿门宴路2号 | 文物 | | |
| 14 | 华清池唐华清宫御汤遗址博物馆 | 临潼区华清路38号 | 行业 | | |
| 15 | 临潼博物馆 | 临潼区环城东路1号 | 文物 | 三级 | 免费开放 |
| 16 | 长安区杜甫纪念馆 | 长安区韦曲街道办双竹村 | 文物 | | 免费开放 |
| 17 | 长安民居博物馆 | 长安区王曲镇马厂堡子村 | 文物 | | 免费开放 |
| 18 | 临潼区扁鹊纪念馆 | 临潼区代王街道办陈东村 | 文物 | | 免费开放 |
| 19 | 仙游寺博物馆 | 周至县马召镇金盆水库北梁 | 文物 | | |
| 20 | 周至博物馆 | 周至县中心街云塔十字南 | 文物 | | |
| 21 | 蓝田县蔡文姬纪念馆 | 蓝田县三里镇蔡王村文姬路 | 文物 | | 免费开放 |
| 22 | 葛牌镇区苏维埃政府纪念馆 | 蓝田县葛牌镇葛牌街 | 文物 | | 免费开放 |
| 23 | 蓝田水陆庵壁塑博物馆 | 蓝田县普化镇杨斜村 | 文物 | | 免费开放 |
| 24 | 蓝田猿人遗址博物馆 | 蓝田县九间房镇公王岭 | 文物 | | 免费开放 |
| 25 | 汪锋故居纪念馆 | 蓝田县九间房镇街子村 | 文物 | | 免费开放 |
| 26 | 高陵区博物馆 | 高陵区昭慧路昭慧广场 | 文物 | | 免费开放 |
| 27 | 汉长安城遗址陈列馆 | 邓六路中段 | 文物 | | 免费开放 |
| 28 | 西安市长安博物馆 | 长安区西长安街559号 | 文物 | | 免费开放 |
| 29 | 秦阿房宫遗址博物馆 | 长安区王寺东街172号 | 文物 | | 免费开放 |
| 30 | 高陵区西北人民革命大学旧址博物馆 | 高陵区通远街道 | 文物 | | 免费开放 |

续表

| 序号 | 名称 | 地理位置 | 性质 | 等级 | 备注 |
|---|---|---|---|---|---|
| 31 | 陕西自然博物馆 | 长安南路88号 | 行业 | 二级 | |
| 32 | 陕西科学技术馆 | 新城广场 | 行业 | | 免费开放 |
| 33 | 西安唐皇城墙含光门遗址博物馆 | 含光路西安城墙内 | 行业 | 三级 | |
| 34 | 西安中国书法艺术博物馆 | 含光路西安城墙内 | 行业 | | 免费开放 |
| 35 | 西北大学博物馆 | 太白北路229号西北大学内 | 行业 | | 免费开放 |
| 36 | 陕西师范大学博物馆 | 长安区郭杜镇陕西师范大学长安校区内 | 行业 | | 免费开放 |
| 37 | 西安建筑科技大学校史馆 | 雁塔路13号西安建筑科技大学校内 | 行业 | | 免费开放 |
| 38 | 西安建筑科技大学贾平凹文学艺术馆 | 雁塔路13号西安建筑科技大学校内 | 行业 | | 免费开放 |
| 39 | 长安大学地质博物馆 | 雁塔路南段126号长安大学内 | 行业 | | 免费开放 |
| 40 | 陕西体育博物馆 | 丈八东路303号 | 行业 | | 免费开放 |
| 41 | 西安工程大学纺织服装博物馆 | 临潼区陕鼓大道58号 | 行业 | | 免费开放 |
| 42 | 秦二世陵遗址博物馆 | 曲江池南路252号 | 行业 | | |
| 43 | 大明宫国家遗址公园考古探索中心 | 自强东路585号 | 行业 | | |
| 44 | 大明宫遗址博物馆 | 自强东路585号 | 行业 | | |
| 45 | 大明宫国家遗址公园丹凤门遗址博物馆 | 自强东路585号 | 行业 | | |
| 46 | 西安大华博物馆 | 太华南路251号 | 行业 | | 免费开放 |
| 47 | 西安钱币博物馆 | 西大街188号 | 行业 | | 免费开放 |
| 48 | 陕西钱币博物馆 | 高新路49号 | 行业 | | 免费开放 |
| 49 | 西安金威啤酒博物馆（雪花啤酒文化博物馆） | 凤城十二路99号 | 行业 | | 免费开放 |
| 50 | 空军军医大学口腔医学博物馆 | 长乐西路145号空军军医大学第三附属医院北院 | 行业 | | 免费开放 |
| 51 | 西安交通大学博物馆 | 咸宁西路28号西安交通大学兴庆校区内 | 行业 | | 免费开放 |
| 52 | 高陵区防震减灾科普馆 | 高陵区泾渭上城南侧 | 行业 | | 免费开放 |
| 53 | 西安浐灞生态区城建博物馆 | 浐灞大道1号浐灞商务中心 | 行业 | | 免费开放 |
| 54 | 西安市贾平凹文学艺术博物馆 | 临潼区芷阳三路9号 | 行业 | | 免费开放 |
| 55 | 西安市非物质文化遗产博物馆 | 文艺北路197号 | 行业 | | 免费开放 |
| 56 | 西安美术学院美术博物馆 | 含光路南段100号西安美术学院2号教学楼内 | 行业 | | 免费开放 |
| 57 | 西安音乐学院艺术博物馆 | 长安中路108号 | 行业 | | 免费开放 |
| 58 | 西安汉风水务博物馆 | 北二环西段汉城湖景区大风阁 | 行业 | | |

续表

| 序号 | 名称 | 地理位置 | 性质 | 等级 | 备注 |
|---|---|---|---|---|---|
| 59 | 长安大学公路交通博物馆 | 长安大学渭水校区 | 行业 | | 免费开放 |
| 60 | 唐华清宫梨园遗址博物馆 | 临潼区 | 行业 | | |
| 61 | 军用航空科技博物馆 | 灞桥区霸陵路1号空军工程大学航空工程学院内 | 行业 | | 免费开放 |
| 62 | 陕西科技大学中国轻工业博物馆 | 未央区大学园区陕西科技大学 | 行业 | | 免费开放 |
| 63 | 西安交通大学附属中学博物馆 | 雁塔区雁翔路99号 | 行业 | | 免费开放 |
| 64 | 西安市曲江第二小学儿童博物馆 | 雁翔路4050号曲江第二小学内行政楼4楼 | 行业 | | 免费开放 |
| 65 | 西安建筑科技大学中国音乐史博物馆 | 高新区草寺东路西安建筑科技大学草堂校区 | 行业 | | 免费开放 |
| 66 | 交大西迁博物馆 | 咸宁西路28号西安交通大学兴庆校区南门内东侧 | 行业 | | 免费开放 |
| 67 | 西安大唐西市博物馆 | 劳动南路1号 | 非国有 | 一级 | 免费开放 |
| 68 | 西安关中民俗艺术博物院 | 长安区南五台山路1号 | 非国有 | | |
| 69 | 西安市高家大院古典服饰博物馆 | 北院门144号高家大院 | 非国有 | | |
| 70 | 西安经文牛文化陶瓷博物馆 | 凤城一路23号 | 非国有 | | |
| 71 | 陕西元阳文化博物馆 | 顺城南巷中段33号 | 非国有 | | 免费开放 |
| 72 | 大明宫陶瓷艺术博物馆 | 自强东路585号 | 非国有 | | |
| 73 | 西安海棠职业学院中医美容博物馆 | 水安路30号 | 非国有 | | 免费开放 |
| 74 | 陕西汉唐石刻博物馆 | 沣东新城红光路44号沣东自贸新天地西里W-Z002 | 非国有 | | 免费开放 |
| 75 | 西安皇家艺术博物馆 | 未央区汉城街道办西查村北（石化大道） | 非国有 | | 免费开放 |
| 76 | 陕西亮宝楼艺术博物馆 | 雁引路35号 | 非国有 | | 免费开放 |
| 77 | 西安美都博物馆 | 丰景路中段 | 非国有 | | 免费开放 |
| 78 | 西安秦砖汉瓦博物馆 | 曲江雁翔路1号大汉上林苑杜陵景区 | 非国有 | | |
| 79 | 西安于右任书法艺术博物馆 | 玄武路69号（锦园新世纪社区中心广场旁） | 非国有 | | 免费开放 |
| 80 | 陕西万达博物院 | 林带路中段中国唐苑内 | 非国有 | | |
| 81 | 陕西唐三彩艺术博物馆 | 南二环东段559号 | 非国有 | | 免费开放 |
| 82 | 西安户邑民间艺术博物馆 | 大唐芙蓉园唐市内 | 非国有 | | 免费开放 |
| 83 | 西安曲江艺术博物馆 | 大雁塔南广场西侧威斯汀酒店内 | 非国有 | | |
| 84 | 西安曲江富陶国际陶艺博物馆 | 大唐芙蓉园南门唐市 | 非国有 | | 免费开放 |
| 85 | 陕西毛泽东敬览馆 | 雁塔区长鸣路68号 | 非国有 | | 免费开放 |
| 86 | 西安于右任故居纪念馆 | 碑林区书院门52号 | 非国有 | | |

续表

| 序号 | 名称 | 地理位置 | 性质 | 等级 | 备注 |
|---|---|---|---|---|---|
| 87 | 西安源浩华藏博物馆 | 雁南三路大唐不夜城开元广场东侧华藏阁 | 非国有 | | 免费开放 |
| 88 | 西安健康博物馆 | 西影路178号 | 非国有 | | 免费开放 |
| 89 | 长安古钱币博物馆 | 长安南路300号 | 非国有 | | 免费开放 |
| 90 | 西安唐都新碑林艺术博物馆 | 大明宫国家遗址公园内考古探索中心东侧 | 非国有 | | 免费开放 |
| 91 | 西安锦业美术博物馆 | 高新区锦业路76号 | 非国有 | | 免费开放 |
| 92 | 西安曲江大玉坊博物馆 | 临潼区会昌路和东关正街十字 | 非国有 | | 免费开放 |
| 93 | 西安柴窑文化博物馆 | 雁南三路开元广场西侧 | 非国有 | | 免费开放 |
| 94 | 西安高陵钱币博物馆 | 高陵区榆楚仁马路陕汽重卡发运中心五楼 | 非国有 | | 免费开放 |
| 95 | 西安高陵奇石博物馆 | 高陵区桑军大道与310国道交会处 | 非国有 | | |
| 96 | 高陵祥顺博物馆 | 高陵区南新街226号 | 非国有 | | 免费开放 |
| 97 | 西安市新美域和镜博物馆 | 高新一路12号天公装饰大厦一层 | 非国有 | | 免费开放 |
| 98 | 西安市曲江红色记忆博物馆 | 翠华南路808号科泰大厦9层 | 非国有 | | 免费开放 |
| 99 | 西安市大唐青铜镜博物馆 | 高新区锦业二路逸翠尚府北区二栋 | 非国有 | | 免费开放 |
| 100 | 西安市雅观陶瓷艺术博物馆 | 北二环中段669号 | 非国有 | | 免费开放 |
| 101 | 西安市起良蔡侯纸博物馆 | 西高新九峰镇起良村 | 非国有 | | 免费开放 |
| 102 | 西安市蓝田玉文化博物馆 | 蓝田县焦岱镇 | 非国有 | | 免费开放 |
| 103 | 西安市水墨长安艺术博物馆 | 灞桥区柳雪路996号 | 非国有 | | 免费开放 |
| 104 | 西安市荞麦园美术博物馆 | 含光路100号 | 非国有 | | 免费开放 |
| 105 | 西安市曲江丝路遗珍博物馆 | 大唐芙蓉园紫云楼四楼 | 非国有 | | 免费开放 |
| 106 | 西安市明清皮影艺术博物馆 | 雁南一路南侧100米 | 非国有 | | 免费开放 |
| 107 | 西安市城市记忆博物馆 | 新城区幸福南路109号老钢厂设计创意产业园1号楼 | 非国有 | | 免费开放 |
| 108 | 西安市圣普美术博物馆 | 新城区自强东路585号丹凤门西 | 非国有 | | 免费开放 |
| 109 | 楼增良红木雕刻艺术博物馆 | 西咸新区空港新城规划园区十路西 | 非国有 | | 免费开放 |
| 110 | 西安红色体育博物馆 | 凤城八路鼎正大都城 | 非国有 | | 免费开放 |
| 111 | 西安市民间金融博物馆 | 新城区民乐园万达一号楼 | 非国有 | | 免费开放 |
| 112 | 西安市吉兆春皮肤医药博物馆 | 高陵区中小企业聚集园C-4五楼 | 非国有 | | 免费开放 |
| 113 | 西安市太乙面食文化博物馆 | 长安区太乙街办新一社区 | 非国有 | | 免费开放 |
| 114 | 西安市城市影像博物馆 | 雁塔区科技路305号西安大都荟Localand D11(F3) | 非国有 | | 免费开放 |

续表

| 序号 | 名称 | 地理位置 | 性质 | 等级 | 备注 |
|---|---|---|---|---|---|
| 115 | 西安市石仟佛造像艺术博物馆 | 曲江慈恩西路69号 | 非国有 | | 免费开放 |
| 116 | 西安市古陶瓷博物馆 | 灞桥区电厂南路8号 | 非国有 | | 免费开放 |
| 117 | 西安市羊文化博物馆 | 雁塔区雁翔路93号 | 非国有 | | 免费开放 |
| 118 | 西安市中国古琴博物馆 | 沣东新城沣河东路818号 | 非国有 | | 免费开放 |
| 119 | 西安市新梦想影业博物馆 | 雁塔区朱雀大街南段12号城市立方5层 | 非国有 | | 免费开放 |
| 120 | 西安市新源民俗艺术博物馆 | 高陵区通远镇史喻村六组 | 非国有 | | 免费开放 |
| 121 | 西安市德江陶瓷模范标本博物馆 | 灞桥区白鹿仓灞柳东路2，3，5号白家大院 | 非国有 | | 免费开放 |
| 122 | 西安市团结民俗博物馆 | 未央区团结村三组甲字一号 | 非国有 | | 免费开放 |
| 123 | 西安市惟德玉文化博物馆 | 沣东新城三桥街办西安车辆厂生活区二期东2号 | 非国有 | | 免费开放 |
| 咸 阳 | | | | | |
| 124 | 乾陵博物馆 | 乾县永泰公主墓院内 | 文物 | 二级 | |
| 125 | 咸阳博物院 | 中山街中段53号 | 文物 | 二级 | 免费开放 |
| 126 | 秦咸阳宫遗址博物馆 | 西安市秦汉新城窑店街道办 | 文物 | | 免费开放 |
| 127 | 秦都区沙河古桥遗址博物馆 | 西安市西咸新区渭阳中路 | 文物 | | 免费开放 |
| 128 | 兴平市博物馆 | 兴平市县门东街29号 | 文物 | | |
| 129 | 茂陵博物馆 | 兴平市南位镇茂陵村南 | 文物 | 二级 | |
| 130 | 兴平市杨贵妃墓博物馆 | 兴平市马嵬街道办西 | 文物 | | |
| 131 | 昭陵博物馆 | 礼泉县烟霞镇街道 | 文物 | 二级 | |
| 132 | 三原县博物馆 | 三原县城关镇东大街33号 | 文物 | 三级 | |
| 133 | 周家大院民俗博物馆 | 三原县鲁桥镇孟店村 | 文物 | | |
| 134 | 泾阳县博物馆 | 泾阳县北极宫大街南端 | 文物 | | 免费开放 |
| 135 | 长武县博物馆 | 长武县昭仁镇东街昭仁寺内 | 文物 | | 免费开放 |
| 136 | "二八"革命暴动纪念馆 | 旬邑县迎宾大道旁 | 行业 | | 免费开放 |
| 137 | 彬县大佛寺石窟博物馆 | 彬州市城关镇312国道旁 | 文物 | | |
| 138 | 武功苏武纪念馆 | 武功县武功镇龙门村 | 文物 | | 免费开放 |
| 139 | 陕西三原于右任纪念馆 | 三原县宴友思大街东段 | 文物 | | 免费开放 |
| 140 | 淳化县文博馆 | 淳化县南新街 | 文物 | | 免费开放 |
| 141 | 旬邑县博物馆 | 旬邑县东大街 | 文物 | | 免费开放 |
| 142 | 旬邑县唐家民俗博物馆 | 旬邑县太村镇唐家村 | 文物 | | |
| 143 | 安吴青年训练班纪念馆 | 泾阳县安吴镇安吴村 | 文物 | | 免费开放 |
| 144 | 淳化县爷台山战役纪念馆 | 淳化县方里镇北峰村爷台山战地主题公园 | 文物 | | 免费开放 |

续表

| 序号 | 名称 | 地理位置 | 性质 | 等级 | 备注 |
|---|---|---|---|---|---|
| 145 | 马栏革命纪念馆 | 旬邑县马栏镇马栏村 | 文物 | | 免费开放 |
| 146 | 永寿县博物馆 | 永寿县解放街10号 | 文物 | | 免费开放 |
| 147 | 陕西水利博物馆 | 泾阳县王桥镇 | 行业 | | 免费开放 |
| 148 | 咸阳墙体材料博物馆 | 中华西路4号 | 行业 | | 免费开放 |
| 149 | 陕西医史博物馆 | 世纪大道中段陕西中医学院校园内 | 行业 | | 免费开放 |
| 150 | 毛泽东像章珍藏馆 | 秦都区渭滨街道步长路16号 | 非国有 | | 免费开放 |
| 151 | 秦都古陶博物馆 | 玉泉东路泉南一巷内 | 非国有 | | 免费开放 |
| 152 | 秦汉新城红色记忆博物馆 | 西安市秦汉新城双照街道肖何庙村 | 非国有 | | 免费开放 |
| 153 | 陕西明善博物馆 | 西安市西咸新区沣东街道水井路沣禾苑内 | 非国有 | | 免费开放 |
| 154 | 咸阳清渭楼美术博物馆 | 渭阳东路清渭楼 | 非国有 | | 免费开放 |
| 155 | 秦汉新城秦渭博物馆 | 西安市西咸新区西兰路北上召十字西北角 | 非国有 | | 免费开放 |
| 宝 鸡 | | | | | |
| 156 | 宝鸡青铜器博物院 | 滨河大道中华石鼓园 | 文物 | 一级 | 免费开放 |
| 157 | 宝鸡民俗博物馆 | 西宝路12号 | 文物 | | 免费开放 |
| 158 | 宝鸡周原博物馆 | 扶风县法门镇召陈村 | 文物 | 二级 | |
| 159 | 宝鸡北首岭博物馆 | 金台区建群巷17号 | 文物 | | |
| 160 | 法门寺博物馆 | 扶风县法门寺文化园区 | 文物 | 二级 | |
| 161 | 宝鸡先秦陵园博物馆 | 凤翔县南指挥镇 | 文物 | | |
| 162 | 宝鸡市渭滨区博物馆 | 渭滨区公园路210号 | 文物 | | |
| 163 | 宝鸡大唐秦王陵博物馆 | 金台区金河镇陵塬村 | 文物 | | |
| 164 | 凤县革命纪念馆 | 凤州镇凤州村 | 文物 | | 免费开放 |
| 165 | 凤翔县博物馆 | 凤翔县文化路西段 | 文物 | 三级 | 免费开放 |
| 166 | 扶风县博物馆 | 扶风县城老区东大街5号 | 文物 | 三级 | 免费开放 |
| 167 | 麟游县博物馆 | 麟游县东大街8号 | 文物 | | |
| 168 | 岐山县博物馆 | 岐山县城北大街 | 文物 | | |
| 169 | 岐山县周原博物馆 | 岐山县京当镇贺家村 | 文物 | | |
| 170 | 岐山县五丈原诸葛亮庙博物馆 | 岐山县蔡家坡镇五丈原村 | 文物 | | |
| 171 | 张载纪念馆 | 眉县横渠镇西街45号 | 文物 | | 免费开放 |
| 172 | 陇县博物馆 | 陇县东大街9号 | 文物 | | 免费开放 |
| 173 | 眉县博物馆 | 眉县滨河文化产业新区平阳阁内 | 文物 | | 免费开放 |
| 174 | 宝天铁路英烈纪念馆 | 渭滨区南关路98号 | 行业 | | 免费开放 |

续表

| 序号 | 名称 | 地理位置 | 性质 | 等级 | 备注 |
|---|---|---|---|---|---|
| 175 | 扶眉战役纪念馆 | 眉县常兴镇 | 行业 | | 免费开放 |
| 176 | 陕西华厦古代艺术博物馆 | 高新大道59号 | 非国有 | | 免费开放 |
| 177 | 宝鸡太白山佛教艺术博物馆 | 眉县汤峪镇中心大道1号太白印象度假酒店2楼 | 非国有 | | 免费开放 |
| 178 | 宝鸡天喜自然博物馆 | 金台区中山东路223号藏宝楼 | 非国有 | | 免费开放 |
| 179 | 宝鸡乾坤古珍博物馆 | 渭滨区石鼓太阳市古玩城3楼 | 非国有 | | 免费开放 |
| 180 | 宝鸡方圆青铜陶艺博物馆 | 渭滨区滨河大道88号太阳市艺术中心1号楼 | 非国有 | | 免费开放 |
| 181 | 宝鸡聚旺博物馆 | 滨河大道88号石鼓太阳市个人艺术中心7号楼 | 非国有 | | 免费开放 |
| 铜 川 | | | | | |
| 182 | 耀州窑博物馆 | 王益区黄堡镇新宜南路25号 | 文物 | 二级 | 免费开放 |
| 183 | 药王山博物馆 | 耀州区药王山景区 | 文物 | | |
| 184 | 铜川市玉华博物馆 | 印台区玉华镇玉华宫森林公园内 | 文物 | 三级 | |
| 185 | 陕甘边革命根据地照金纪念馆 | 耀州区照金镇 | 行业 | | 免费开放 |
| 186 | 铜川市耀州区博物馆 | 耀州区学古路34号 | 文物 | | 免费开放 |
| 187 | 宜君县博物馆 | 宜君县万寿路27号 | 文物 | | 免费开放 |
| 188 | 郭秀明纪念馆 | 印台区红土镇惠家沟村 | 文物 | | 免费开放 |
| 189 | 陈炉古镇生态博物馆 | 印台区陈炉镇街道 | 文物 | | 免费开放 |
| 190 | 宜君旱作梯田农业生态博物馆 | 宜君县哭泉镇旱作梯田内 | 文物 | | 免费开放 |
| 191 | 孙思邈纪念馆 | 耀州区药王山景区 | 文物 | | 免费开放 |
| 渭 南 | | | | | |
| 192 | 渭南市博物馆 | 临渭区乐天大街中段 | 文物 | | 免费开放 |
| 193 | 渭南市临渭区博物馆 | 临渭区老城街115号 | 文物 | | 免费开放 |
| 194 | 西岳庙博物馆 | 华阴市岳庙仿古步行街东段 | 文物 | | |
| 195 | 渭华起义纪念馆 | 华州区高塘镇南堡村 | 文物 | | 免费开放 |
| 196 | 潼关杨震廉政博物馆 | 潼关县秦东镇四知村 | 文物 | | 免费开放 |
| 197 | 合阳县博物馆 | 合阳县东大街02号 | 文物 | | 免费开放 |
| 198 | 蒲城县博物馆 | 蒲城县红旗路中段正街14号 | 文物 | 三级 | |
| 199 | 蒲城县清代考院博物馆 | 蒲城县东槐院巷17号 | 文物 | | |
| 200 | 蒲城县王鼎纪念馆 | 蒲城县城关镇达仁巷54号 | 文物 | | 免费开放 |
| 201 | 蒲城县杨虎城将军纪念馆 | 蒲城县东槐院巷29号 | 文物 | | 免费开放 |
| 202 | 澄城县博物馆 | 澄城县城区东九路古徵公园东侧 | 文物 | | 免费开放 |
| 203 | 白水仓颉庙博物馆 | 白水县史官镇 | 文物 | | |
| 204 | 潼关博物馆 | 潼关县秦东镇东山景区 | 文物 | | 免费开放 |

续表

| 序号 | 名称 | 地理位置 | 性质 | 等级 | 备注 |
| --- | --- | --- | --- | --- | --- |
| 205 | 蒲城县惠陵博物馆 | 蒲城县桥陵镇三合村 | 文物 | | |
| 206 | 富平县文庙博物馆 | 富平县城关街道办莲湖村正街41号 | 文物 | | 免费开放 |
| 207 | 富平习仲勋纪念馆 | 富平县怀德大街中段 | 行业 | | 免费开放 |
| 208 | 临渭区蒲阳古城文化民俗博物馆 | 临渭区蔺店镇蒲阳村 | 非国有 | | 免费开放 |
| 209 | 潼关酱菜博物馆 | 潼关县城东环路 | 非国有 | | 免费开放 |
| 210 | 潼关县秦王寨历史博物馆 | 潼关县太要镇马趵泉景区内 | 非国有 | | 免费开放 |
| 211 | 蒲城县林则徐纪念馆 | 蒲城县城内权把巷六号 | 非国有 | | |
| 212 | 蒲城李仪祉纪念馆 | 蒲城县洛滨镇富塬村 | 非国有 | | 免费开放 |
| 213 | 大荔县民俗博物馆 | 渭南市大荔县南七村 | 非国有 | | |
| 214 | 富乐国际陶艺博物馆群 | 富平县乔山路1号 | 非国有 | | |
| 215 | 富平频阳博物馆 | 富平县莲湖大街东段（实验中学西邻） | 非国有 | | 免费开放 |
| | 延安 | | | | |
| 216 | 延安革命纪念馆 | 圣地路9号 | 文物 | 一级 | 免费开放 |
| 217 | 洛川县博物馆 | 洛川县解放路北段 | 文物 | 三级 | 免费开放 |
| 218 | 洛川会议纪念馆 | 洛川县永乡镇冯家村 | 文物 | 三级 | 免费开放 |
| 219 | 吴起革命纪念馆 | 吴起县县城中街燕窝山脚 | 文物 | | 免费开放 |
| 220 | 黄龙县博物馆 | 黄龙县南环路134号 | 文物 | | 免费开放 |
| 221 | 瓦窑堡革命旧纪念馆 | 子长县城瓦窑堡中心街151号 | 文物 | | 免费开放 |
| 222 | 志丹县保安革命旧址纪念馆 | 志丹县双拥街268号 | 文物 | | 免费开放 |
| 223 | 延安市安塞区文化文物馆 | 安塞区文化艺术中心大楼0819室 | 文物 | | 免费开放 |
| 224 | 甘泉县博物馆 | 甘泉县中心街052号 | 文物 | | |
| 225 | 富县鄜州博物馆 | 富县正街县政府广场北侧 | 文物 | | 免费开放 |
| 226 | 吴起中央红军长征胜利纪念馆 | 吴起县县城中街和平路2号 | 文物 | | 免费开放 |
| 227 | 延长县红军东征纪念馆 | 延长县旧居巷北段 | 文物 | | 免费开放 |
| 228 | 军委二局安塞县纪念馆 | 安塞区沿河湾镇碟子沟村 | 文物 | | |
| 229 | 西北局纪念馆 | 宝塔区南桥 | 文物 | | 免费开放 |
| 230 | 宜川县博物馆 | 宜川县文体活动中心一楼 | 文物 | | 免费开放 |
| 231 | 延安枣园革命旧址管理处 | 宝塔区枣园街道办事处枣园旧址 | 文物 | | 免费开放 |
| 232 | 延安杨家岭革命旧址管理处 | 宝塔区杨家岭村 | 文物 | | 免费开放 |
| 233 | 延安凤凰山革命旧址管理处 | 宝塔区北大街凤凰山旧址广场 | 文物 | | 免费开放 |
| 234 | 抗大纪念馆 | 宝塔区北大街凤凰山旧址广场 | 文物 | | 免费开放 |
| 235 | 延安新闻纪念馆 | 宝塔区清凉山南麓 | 文物 | 三级 | |

续表

| 序号 | 名称 | 地理位置 | 性质 | 等级 | 备注 |
|---|---|---|---|---|---|
| 236 | 钟山石窟博物馆 | 子长县安定镇安定村钟山南麓 | 文物 | | |
| 237 | 子长革命烈士纪念馆 | 子长县安定西路1号 | 行业 | | 免费开放 |
| 238 | 延安杜公祠博物馆 | 宝塔区七里铺大街 | 文物 | | |
| 239 | 延安知青博物馆 | 宝塔区枣园中段 | 文物 | | 免费开放 |
| 240 | 延安南泥湾革命旧址纪念馆 | 南泥湾开发区南泥湾镇桃宝峪村 | 文物 | | 免费开放 |
| 241 | 王家坪革命旧址纪念馆 | 宝塔区圣地路王家坪旧址 | 文物 | | 免费开放 |
| 242 | 陕甘宁边区银行纪念馆 | 宝塔区南关市场沟 | 行业 | | 免费开放 |
| 243 | 延安南区合作社纪念馆 | 宝塔区柳林镇中心地段 | 行业 | | 免费开放 |
| 244 | 洛川黄土地质博物馆 | 洛川县凤栖镇谷咀村 | 行业 | | |
| 245 | 陕甘宁边区革命英烈纪念馆 | 宝塔区河庄坪镇李家洼村 | 行业 | | 免费开放 |
| 246 | 碾（niǎn）畔（pàn）黄河原生态民俗博物馆 | 延川县乾坤湾镇碾畔村 | 非国有 | | 免费开放 |
| 榆 林 | | | | | |
| 247 | 榆林市汉画像石博物馆 | 世纪广场北一号楼一层 | 文物 | | 免费开放 |
| 248 | 榆林市镇北台长城博物馆 | 城北吴家梁村 | 文物 | | 免费开放 |
| 249 | 榆林民俗博物馆 | 古城北大街田丰年巷3号院 | 文物 | | 免费开放 |
| 250 | 神木市博物馆 | 神木县麟州街北段 | 文物 | | 免费开放 |
| 251 | 佳县神泉堡革命纪念馆 | 佳县佳芦镇神泉村 | 文物 | | 免费开放 |
| 252 | 定边县文博馆 | 定边县鼓楼南街文化广场 | 文物 | | 免费开放 |
| 253 | 绥德县博物馆 | 绥德县名州镇进士巷13号 | 文物 | 三级 | |
| 254 | 米脂县博物馆 | 米脂县行宫路171号 | 文物 | 三级 | |
| 255 | 米脂县杨家沟革命纪念馆 | 米脂县杨家沟镇杨沟村 | 文物 | | 免费开放 |
| 256 | 绥德县革命历史纪念馆 | 榆林市绥德县疏属山 | 文物 | | 免费开放 |
| 257 | 府谷县古生物化石博物馆 | 府谷县府谷镇南门路60号 | 文物 | | 免费开放 |
| 258 | 子洲县博物馆 | 子洲县城东文化大楼 | 文物 | | 免费开放 |
| 259 | 黄河流域民俗艺术博物馆 | 府谷县田家寨镇高寒岭景区 | 文物 | | 免费开放 |
| 260 | 余子俊纪念馆 | 沙河路沙河公园 | 文物 | | 免费开放 |
| 261 | 榆林学院陕北历史文化博物馆 | 崇文路4号榆林学院校内逸夫科技楼一楼 | 行业 | | 免费开放 |
| 262 | 神府革命纪念馆 | 神木陵园路2号 | 行业 | | 免费开放 |
| 263 | 陕西榆林尚古博物馆 | 高新产业园区中兴路1号 | 非国有 | | 免费开放 |
| 264 | 神木古麟州博物馆 | 神木体育中心南一楼 | 非国有 | | 免费开放 |
| 265 | 陕西观止文化艺术博物馆 | 榆阳区上郡南路与朝阳桥交会处银通嘉园B座2楼 | 非国有 | | 免费开放 |

续表

| 序号 | 名称 | 地理位置 | 性质 | 等级 | 备注 |
| --- | --- | --- | --- | --- | --- |
| 266 | 榆林上郡博物馆 | 人民中路45号 | 非国有 | | 免费开放 |
| 267 | 佳县赤牛坬民俗博物馆 | 佳县坑镇赤牛坬村 | 非国有 | | |
| 268 | 榆阳区龙文化博物馆 | 榆阳区黑龙潭景区 | 非国有 | | 免费开放 |
| 269 | 府谷县荣河博物馆 | 府谷县新区崇塔村 | 非国有 | | 免费开放 |
| 270 | 榆林朔方博物馆 | 高新产业园区中兴路1号 | 非国有 | | 免费开放 |
| 271 | 府谷县红色文化博物馆 | 府谷县碛塄农业园区郝家寨村 | 非国有 | | 免费开放 |
| 272 | 府谷县富昌博物馆 | 府谷县河滨路 | 非国有 | | 免费开放 |
| 273 | 横山区古银州博物馆 | 横山区党岔镇 | 非国有 | | |
| | 汉中 | | | | |
| 274 | 汉中市博物馆 | 汉台区东大街26号 | 文物 | 二级 | 免费开放 |
| 275 | 留坝县张良庙博物馆 | 留坝县留侯镇庙台子村 | 文物 | | |
| 276 | 汉中川陕革命根据地纪念馆 | 南郑区城关镇红寺湖风景区 | 文物 | | 免费开放 |
| 277 | 城固县张骞纪念馆 | 城固县博望镇饶家营村 | 文物 | | |
| 278 | 洋县文物博物馆 | 洋县洋州镇唐塔北路2号 | 文物 | | 免费开放 |
| 279 | 略阳县江神庙民俗博物馆 | 略阳县南环路中段江神庙内 | 文物 | | 免费开放 |
| 280 | 略阳县灵岩寺博物馆 | 略阳县城南灵岩路 | 文物 | | |
| 281 | 勉县武侯墓博物馆 | 勉县定军山镇诸葛村八组 | 文物 | | |
| 282 | 勉县武侯祠博物馆 | 勉县武侯墓武侯村 | 文物 | 三级 | |
| 283 | 镇巴县博物馆 | 镇巴县城新街东侧中段 | 文物 | | 免费开放 |
| 284 | 城固县博物馆 | 城固县博望镇饶家营村 | 文物 | | |
| 285 | 勉县博物馆 | 勉县三国文化广场三国尊城B座三楼 | 文物 | | 免费开放 |
| 286 | 宁强县博物馆 | 宁强县县城羌州路中段 | 行业 | | 免费开放 |
| 287 | 佛坪县秦岭人与自然博物馆 | 佛坪县黄家湾路佛坪国家级自然保护区管理局院内 | 行业 | | |
| 288 | 汉中民俗博物馆 | 汉台区宗营镇宗柏路 | 非国有 | 三级 | 免费开放 |
| 289 | 洋县蔡伦纸文化博物馆 | 洋县龙亭镇蔡伦墓祠区 | 非国有 | | |
| 290 | 南郑谷林博物馆 | 南郑区汉山镇团山村（汉山景区内） | 非国有 | | |
| | 安康 | | | | |
| 291 | 安康博物馆 | 江北黄沟鲁家梁梁头 | 文物 | 二级 | 免费开放 |
| 292 | 陕西汉阴凤堰古梯田移民生态博物馆 | 汉阴县漩涡镇黄龙村、堰坪村、茨沟村 | 文物 | | |
| 293 | 旬阳县博物馆 | 旬阳县人民北路6号 | 文物 | 三级 | 免费开放 |
| 294 | 旬阳县红军纪念馆 | 旬阳县红军乡人民政府驻地 | 文物 | | 免费开放 |

续表

| 序号 | 名称 | 地理位置 | 性质 | 等级 | 备注 |
|---|---|---|---|---|---|
| 295 | 安康市藏一角博物馆 | 汉滨区香溪路28号 | 文物 | | 免费开放 |
| 296 | 白河县民俗博物馆 | 白河县卡子镇友爱村张氏民宅 | 文物 | | 免费开放 |
| 297 | 汉阴县三沈纪念馆 | 汉阴县新街40号 | 文物 | | 免费开放 |
| 298 | 石泉县博物馆 | 石泉县老街中段 | 文物 | | 免费开放 |
| 299 | 平利县秦楚农耕博物馆 | 平利县城关镇龙头村 | 非国有 | | 免费开放 |
| 300 | 金洲美食博物馆 | 汉滨区建民办事处黄沟路1号 | 非国有 | | 免费开放 |
| 商 洛 | | | | | |
| 301 | 商洛市博物馆 | 工农路中段大云寺内 | 文物 | 三级 | 免费开放 |
| 302 | 商州区博物馆 | 商州区东背街西段89号 | 文物 | | |
| 303 | 洛南县博物馆 | 洛南县中甫街37号 | 文物 | | 免费开放 |
| 304 | 丹凤县博物馆 | 丹凤县老街一号 | 文物 | | 免费开放 |
| 305 | 商南县博物馆 | 商南县塔坡公园 | 文物 | | |
| 306 | 山阳县博物馆 | 山阳县人民广场南文化艺术中心B座6、7楼 | 文物 | | 免费开放 |
| 307 | 镇安县博物馆 | 镇安县城秀屏公园内 | 文物 | | 免费开放 |
| 韩 城 | | | | | |
| 308 | 韩城市博物馆 | 古城东区学巷45号 | 文物 | 三级 | 免费开放 |
| 309 | 韩城市普照寺博物馆 | 西庄镇昝村街道 | 文物 | | 免费开放 |
| 310 | 韩城市司马迁墓祠博物馆 | 芝川镇东南 | 文物 | | |
| 311 | 梁带村遗址博物馆 | 西庄镇梁带村 | 文物 | | |
| 312 | 韩城市大禹庙博物馆 | 新城区周原村大禹庙 | 文物 | | 免费开放 |
| 313 | 陕西司马迁史记博物馆 | 新城区状元街北小巷29号 | 非国有 | | 免费开放 |
| 杨 凌 | | | | | |
| 314 | 西北农林科技大学博览园植物博物馆 | 杨凌示范区邰城路3号 | 行业 | 二级 | |
| 315 | 西北农林科技大学博览园动物博物馆 | 杨凌示范区邰城路3号 | 行业 | 二级 | |
| 316 | 西北农林科技大学博览园中国农业历史博物馆 | 杨凌示范区邰城路3号 | 行业 | 二级 | |
| 317 | 西北农林科技大学博览园昆虫博物馆 | 杨凌示范区邰城路3号 | 行业 | 二级 | |
| 318 | 西北农林科技大学博览园土壤博物馆 | 杨凌示范区邰城路3号 | 行业 | 二级 | |
| 319 | 于右任思想教育博物馆 | 杨凌示范区邰城路3号 | 行业 | 二级 | |

备注：2017年，西咸新区划归西安代管

## 主要参考文献

1. 张岂之.中国历史·先秦卷 [M].北京：高等教育出版社，2001.
2. 张岂之.中国历史·秦汉魏晋南北朝卷 [M].北京：高等教育出版社，2001.
3. 张岂之.中国历史·隋唐辽宋金卷 [M].北京：高等教育出版社，2001.
4. 张岂之.中国历史·元明清卷 [M].北京：高等教育出版社，2001.
5. 张岂之.中国历史·晚清民国卷 [M].北京：高等教育出版社，2001.
6. 杜文玉.陕西简史（上、下）[M].西安：陕西师范大学出版总社，2014.
7. 黄留珠.话说陕西（1—6）[M].西安：西北大学出版社，2009.
8. 谭其骧.中国历史地图集 [M].北京：中国地图出版社，1982.
9. 谭前学，尹夏清.人文陕西 [M].西安：陕西旅游出版社，2010.
10. 陕西省文物局.陕西第三次全国文物普查丛书·渭南卷（1—11）[M].西安：陕西旅游出版社，2012.
11. 渭南市地方志办公室.渭南市志（第一卷）[M].西安：三秦出版社，2008.
12. 渭南市地方志办公室.渭南市志（第三卷）[M].西安：三秦出版社，2009.
13. 渭南市地方志办公室.渭南市志（第四卷）[M].西安：三秦出版社，2011.
14. 渭南市地方志办公室.渭南市志（第五卷）[M].西安：三秦出版社，2012.
15. 中共渭南市委宣传部.渭南历史文化丛书·历史纪事 [M].西安：陕西人民出版社，2012.
16. 中共渭南市委宣传部.渭南历史文化丛书·风云人物 [M].西安：陕西人民出版社，2012.
17. 中共渭南市委宣传部.渭南历史文化丛书·秦东戈马 [M].西安：陕西人民出版社，2012.
18. 中共渭南市委宣传部.渭南历史文化丛书·文物古迹 [M].西安：陕西人民出版社，2012.

19. 杨树民，刘百宽，姜继业. 国之栋梁：影响中华民族发展进程的渭南人 [M]. 西安：三秦出版社，2010.

20. 杨树民，刘百宽. 渭南五千年 [M]. 西安：陕西科学技术出版社，2003.

21. 渭南市交通运输志办公室. 渭南交通运输志 [M]. 北京：中国建筑工业出版社，2016.

22. 吴新亚. 华州史话（上、下）[M]. 西安：西北大学出版社，2012.

23. 王炜林. 陕西古代文明 [M]. 西安：陕西师范大学出版总社，2019.

24. 刘振强. 渭南水文化：渭河 [M]. 西安：西安交通大学出版社，2017.

25. 刘振强、石军武. 渭南水文化：黄河 [M]. 西安：西安交通大学出版社，2017.

26. 徐进. 陕西古塔全编（上、下）[M]. 西安：西北大学出版社，2019.

27. 渭南市博物馆. 与华相宜——渭南故事 [M]. 西安：三秦出版社，2019.

28. 刘琦. 从隋炀帝的用人看他的败亡 [J]. 文史博览，2016.

29. 曹卫平. 试论对隋炀帝历史地位的评价 [J]. 文史博览，2009.

30. 张维慎. 阎敬铭与丰图义仓 [J]. 文博，1998.

31. 王志伟. 救时宰相阎敬铭 [J]. 文史天地，2009.

32. 胡可先. 杜甫的家世、家学与家风 [J]. 杜甫研究学刊，2018.

33. 朱亚非，张贵芳. 试论郭子仪建功立业的生存智慧 [C]，湖湘论坛，2015.

34. 王双怀. 再论郭子仪的历史功绩 [J]. 唐都学刊，1996.

35. 刘合心，呼林贵等. 唐李元谅墓志及其相关问题 [J]，文博，1998.

36. 胡世强. 中国古代文献中的寇准形象 [J]. 江西社会科学，2018.

37. 赵振. 君臣关系与北宋前期政治——以寇准为个案 [C]. 北方论丛，2005.

38. 英·崔瑞德. 剑桥中国隋唐史 [M]. 北京：中国社会出版社，1990.

39. 田耀亭. 渭南白居易研究 [M]. 北京：中国文联出版社，2009.

40. 许若冰. 直道一身立廊庙 清风两袖返韩城——清代状元王杰的仕宦生涯 [J].

华夏文化，2019.

41. 渭南市地方志办公室. 白居易与下邽故里 [M]. 西安：陕西人民出版社，2001.